时间中的铁如意

Tie Ruyi in time

吴文君 著

文汇出版社

图书在版编目(CIP)数据

时间中的铁如意/吴文君著.—上海：文汇出版社，2022.1
ISBN 978-7-5496-3662-4

Ⅰ.①时… Ⅱ.①吴… Ⅲ.①散文集—中国—当代 Ⅳ.①I267

中国版本图书馆CIP数据核字(2021)第206171号

时间中的铁如意

作　　者／吴文君
责任编辑／鲍广丽
封面装帧／王　峥

出版发行／**文汇**出版社
　　　　　上海市威海路755号
　　　　　（邮政编码 200041）
经　　销／全国新华书店
排　　版／南京展望文化发展有限公司
印刷装订／上海新文印刷厂有限公司
版　　次／2022年1月第1版
印　　次／2022年1月第1次印刷
开　　本／889×1194　1/32
字　　数／107千字
印　　张／6.75

ISBN 978-7-5496-3662-4
定　　价／48.00元

目 录

山色（一）	1
山色（二）	23
老城记	45
从此我想隐居起来	78
海塘，海	89
这里的长安	96
高阳一梦	107
小桃源	120
时间中的铁如意	131
水面的一片落叶	141
近处的旅行	161
植物的生生死死	178
花园，石马，回家的路	195

我们通过仔细观察近在眼前的事物来获得新知。

——娜恩·谢波德

山色（一）

一个地方住久了，可去的地方只有那么几处，慢慢地，成了规律：下雪了，去西山吧；元旦了，新年第一天，去西山吧；有时是值班，坐久了，又没事，河对面就是上山的小路，好像在问我：你不过来吗？就这么几步路，过来走走吧？终于忍不住，又往西山去了。

从杭州一路往东，经海宁到嘉兴，除了钱塘江沿岸其余都是平原，没有山——何止没有山，连高出平地的小坡小丘都很少，那可真是一种让人受不了的平坦。即使这样，我读书的时候也没怎么在意过这座山，甚至不以为它是一座山。

古书上说它"高十八丈，周一里"，现在的标高是46米，沿着山脚往上走，穿过"山门"，不过三四十级台阶，已经在山腰上。再爬一段台阶，到了一块平地上，看见紫微亭，就算登顶了。后来紫微亭变成紫微阁，也不过多走几级楼梯，沿着环形走廊看看风景，没有更高的地方可以上去了。这山就这么高。

那时的我还没体会到人与山也能相伴，以为爬山的乐趣就在于登顶和远眺，称得上山的，不是泰山、黄山，也得是天台山、莫干山那种山吧？

后来，工作了几年，我又想起这座山，是因为实在没有更好的地方可去。如果和身边的人全都谈不到一块儿，不如一个人走走更好。有时候，则是为了哪个人的一句话一个眼神忽然就生起气来，不想说话，不想看见人。山上毕竟清净，还可以吸吸树木的清气。走着走着，满山的绿和寂静就把心里的无聊和郁气消解了。

即使这样，也还得再过几年我才会明白城中有座山的好处，对有些人来说，是有了一个锻炼的地方，呼吸新鲜空气的地方，消磨时间的地方；对另外一些人来说，则是聚会之处，闲坐之处，冥想之处，躲藏之处……

山中一日，世上千年。不管外面怎么变来变去，山还是这座山，走进去，还是一样的土石草木，这大概是山最好的好处。

山上的古迹旧物，也像人与人的交往，不到缘分和时机不会遇到。以前让我觉得庸常的那些东西，其实都有它自己的光芒。所以写《活山》的娜恩会说:"事实上人类从未真正理解过大山,也从未真正理解自己与山的关系。不管我在山里走过多少次,这片重峦叠嶂依旧能为我带来冲击。"就是这样,不管走多少次,我都不能说我已经对它熟知于心。事实上,当我心里闪过"顿悟"的光芒以为有所发现的时候,不知道已经和它错过了多少次。

寺与经幢

很早就听说惠力寺前的两尊石经幢是唐代的。虽然惠力寺还要早上五百年,东晋就有了,可是1926年清明的一场大火之后,只剩一座大殿两尊经幢。

印象里,有段时间大殿经常关着门。冬天寒风料峭,隔着空地和木栅望向大殿漆色斑驳的四壁,格外荒凉冷清。

边角有小门,进出的既不是出家人,也不知道在里面做什么,神神秘秘。忽然有一天,难得大殿大门敞开,进去一看,才知道大殿做了博物馆的展厅,除了书画,橱窗里还有几件玉石陶瓷。不管怎么放轻脚步,地板还是被我踩得空空直响,被昏暗笼罩的寂静中,这声音实在太刺耳了,匆匆转一圈就出来了。

去年和画画的金雪聊天,她说起以前在惠力寺上班,我才知道原来是有好多年博物馆就在寺里办公。

不只是博物馆,图书馆、文化馆也都"落户"过寺内。有几年,还在大殿前面砌了一个颇像厂房大门的水泥门廊,同时挂上三家单位的牌子。大殿的香火应该是在这些机构搬出之后慢慢旺盛起来的。碰到初一、十五,哪位菩萨的诞辰日、成道日,里里外外都是敬香的人。祈福,祈平安,祈钱财,祈病愈,祈亨运,一上午青烟不断。

只有大殿的寺庙总归是局促的。20世纪80年代初大殿重修过一次;1999年,重塑了释迦牟尼、观音、文殊、普贤法相、十八罗汉;前些年寺庙四面搭起排架,不只是修了大殿,更像是按照古书上记载的规模复原了被火毁掉的部分:

"中间为正山门,左右为东西便门,内设钟鼓楼,前门为四大金刚殿,正殿左侧有罗汉堂,右侧为禅堂及方丈殿,环山上下有七十二僧房,屋宇栉比。"

本来只是去西山散个步,上山下山之际,忽然看到晨光或是夕阳打在殿角、僧房簇新的黄墙上,映照出一片寂静的金色,就像触到澄明而又遥远的世界,总要停下站一会儿,发上一会儿呆。

我大概是从这片自古不变的金色里见到天体的长远和人生的短暂。

从前走过这里的人,现在在哪里?

此刻我站在这里,日后又会在哪里?

这种感觉又最是说不出来。有一年,从博物馆看完展览出来,和教历史的芭蕉先生同路,沿山脚走到寺前,也被黄墙上的夕照吸引,停下来说"好看"。

是好看,好看到忘了自己是谁,在哪儿,什么朝代。站在那儿,一眼就是许多年。

相比重修重建多次的寺庙,寺前的经幢虽然破损,倒是没有怎么变过,从唐咸通十五年(874)不声不响伫立到今天。

两尊经幢之间依然相距十三米,依然如古书记载:"高四点九米,下为须弥座,上覆华盖和莲花宝顶,刻有尊胜陀罗尼经并浮雕莲花兽面。"

从远处看这两座经幢,更像两座残塔。幢顶的宝盖莲花,让人想起原始人垒石祭天,就是这样一块一块往高处垒上去,寄寓着与天神沟通的无限期望。

走南坡上西山,是一定要从它们面前经过的。有时也看,从风化的字迹,看到漫漶不清的线条,缺损的莲花,除了"这是唐代的",并不知道看进去了什么。

某天，在一辆密闭的大巴车厢里，女友耳语似的说着她父亲最后的日子，告诉我她在抄"陀罗尼经"，只有抄写的时候才能获得一点安宁，不去想父亲已不存在这个事实；告诉我她从来不觉得父亲在墓地里，而是觉得父亲飘浮在某处，依然看得见她。

她送我抄经的纸笔，在柜顶搁了很长一段时日，忽然被我拿下，一字一句，想象金笔写下的一页页经文有足够大的能量传达到遥远的我们都要去往的那个所在，复杂到读都读不通的字，渐渐面熟了起来。于是，有一天，又从经幢前面走过，忽然从八棱石柱上辨认出那些经文，好像"陀罗尼经"这个概念直到此时才进入我的意识领域，它们不再是石头上只具形状的字，而是实实在在的召唤和媒介，把生者的想念传达给已经无法给我们任何回应的死者。

又有一天，冬至刚过，下午四点的天色已近灰暗，几个工匠还在围墙边敲敲打打地忙着。

这是我不太愿意回想的一年：六月送走舅舅，九月送走祖母，十二月，多年不联系已经没什么印象的堂舅妈也于医院病逝。墓地去了一次又一次。还没从旧的别离的伤感中走出，新的别离又来。

本来我只是坐得无聊，想看看围墙砌得怎么样了，走过经幢,头一抬,只见幢顶宝盖上的天女,和敦煌的天女一样衣衫飘然,袖带仙风,忽然就呆住了。

明明已经见过多次,非要到此时此刻,我才会想到,经幢刻上"佛顶尊胜陀罗尼经",是超度亡人的;那么,飞天的仙女,是前来接引亡灵吗?

站在夕阳的最后几缕斜光中,想到舅舅、祖母、堂舅妈或许也在天女们迎接的行列之内,我顿时觉得自己获得了安慰。

风啊,水啊,一顶桥

"风啊,水啊,一顶桥",是木心的话。

临终前的木心看到专为他做的美术馆的设计稿,喃喃地,自言自语地,说了这几个字。

话里的深意,我察见不了。此后再看到流水小桥,总要想起这句话。

风啊,水啊,一顶桥。

河水平平缓缓地从西山前面流过,把南岸的闹市,北岸依山的佛寺,分成不同的两个区域。

寺庙前的河,总像是有着一种寓意。不管是南岸,北岸;还是此岸,彼岸。

每次从桥的这边,走到桥的那边,都觉得像一种仪式。去的时候，市声远了，山的寂静近了；回来，山的寂静远了，市声近了，混合着车声，喇叭声，仓库卸货的推车声，吐痰声，笑骂声……像道家拳法，从起势到收势，正好一个轮回。

桥也是古物。元大德七年（1303）始建的单孔小石拱桥，七百多年下来，落下不少修补的痕迹。两侧栏板上的浮雕花卉、瑞兽风化得厉害，桥栏上的石狮也只剩下四只，左右各有一只线条僵硬，颜色生涩，明显是后来补上的，其余两只虽然漫漶成一团，头脸模糊不清，然而材质色泽与桥栏浑然一体，总让我愿意相信它真的出自元代。特别是东侧那只，那种活泼泼的憨态，没有一点刻意和匠气——不一定是现在的人做不出来了，只不过是时间把那些刻意和匠气在风里水里一点点淘洗掉了。

西山是俗称，它有一个正式的名字叫紫微山。唐长庆三年（823），白居易在杭州做刺史期间登过这座山，以前山中还有一块"居易碑记"。白居易做过中书省的官，中书省又叫紫微省，山以人传，桥也随了山名，就叫紫微桥了。

中国农民银行民国三十年（1941）发行的五百元纸币上用的就是紫微桥的照片。古桥、寺庙、经幢、几十年过去,似无多大变化。

桥是连接,河却是分界。这条从市河分流出来的小河,就像执意要给山脚下的惠力寺添一道水光。无风的日子虽少有波澜,却也曾在几年间吞没过人命。有凌晨时分选择在这儿自尽的年轻女人,虽然有人及时下河相救,水警、医院、消防也赶来援助,还是以死亡告终;有顺河漂浮的中年男尸,被沿河餐馆的厨师、洗碗工发现,警方确认身份,才知失踪几天了;也有莫名其妙掉进河里的老头,人打捞上来的时候已经死了。

自从上班的地方搬到南寺街,离西山近了,离河也近了,便有一次撞到刚打捞上来的人,暂时停放在河边的台阶上。太阳和往日一般无异照在死者的躯体上,佛寺的黄墙梵瓦也和往日一样庄严。死者突兀地出现,使得这片每日安宁祥和的景象多了人世无常之感。

还有一次,看着一辆白色的轿车泊车时,擦着行道树,失控冲进河里。

一两秒之间,水已淹没半个车身。众人的惊叫中,开车的男人动作迅疾地打开车门,钻出车外,从车尾绕过去,打开副驾驶的车门,把里面的女人拉出。两个人刚贴着河岸的浅处站稳,车已没顶。

看客们说这两人命大,又有人认出是已退休多年的某领导夫妇。不管他们是谁,这大概是他们一生当中站得最低的时候,谁都可以对着他们的头顶指指点点,然而无法不赞叹他们的冷静淡然,即使在水中只露出半个身体,也没有惊慌和惧怕。

有人拿来工具,把他们扶上岸。他们打完电话,很快弃车走了。

路上散落着车刮擦下来的残枝断叶。看树干上的茬口,刀劈斧砍一般,足见冲出去时的猛烈。

不久我也碰到类似的事。下班,准备回家,车倒到一半,忽然被一股力拽着直往下滑。一边想着这是溜坡了?可我从来没溜过坡呀?一边手刹、脚刹齐上,使出全身的力气,总算车停住了。下来一看,车尾离护栏只差三四厘米,惊出冷汗,又不免胡思乱想,要是真的掉进河里,不知道这日夜听经的河水会不会洗掉我身上的不洁,连同各种固执,各种积习贪欲,让我干干净净地再世为人?

还好,这样的事只发生过一次。公交线路调整,上下班走路加公交就很方便。再往后,马路改造,某天去上班,忽然发现院门口的空地摆上盆花,不再充当停车位使用。看来有关方面终于发现这条小街比较窄,离河又近,的确不太适合停车。

或者，也有地形的原因。

小街名仓基，据说古有预备仓，也就是为荒年准备的粮仓，虽然后来废掉了，但"仓基"仍存，这一带曾是高地无疑。

河名也是仓基，只是不知街随了河名，还是河随了街名；街更老一点，还是河更老一点。

山间小寺

惠力寺两边都有上山的小路。我一般先走右边这条，山上转一圈，走左边的下来。

倒过来也可以。可能右边这条我以为更有"上山"的味道。虽然是条水泥小马路，从走势来看，像从前让人踩出来的羊肠小道，每到初一、十五，卖香烛锡箔、经文、寿衣的摊子一只连着一只，卖切菜板、围裙衣架的也过来凑热闹，丧葬品、日用品融合于一处，一上午人来人往。

小路的一边依着惠力寺的墙根，这种地方最有故事，约会，私下交易，最多的还是算命的，隔几步一只摊子，摆出"周易八卦""麻衣看相"的招牌，各自为政，互不干涉，生意冷清有时，热闹有时。其中有位先生，黑礼帽，黑罩衫，目光深沉，我找他算过卦，还把他写进过小说；又有一位老梁，据说测事极准，长衫，长须，人堆里鹤立鸡群。本来这些江湖浪人、游方术士一般的人物都在这里生根了，近来忽然统统不见，不知转移到哪里去了。

小路到底，拐两个弯，走十来个石阶，就是"山门"了。印象里这儿以前不只有墙，有门，还有一个小卖部，下午四五点钟门一关，就是闭园了。那时整座山都有围墙围着。某一年，在还山于民的呼声里围墙拆了，小卖部也消失了，只剩一扇铁门，像是日夜开在那里。门两边的界限一目了然，属于园内的石阶上长满暗绿的苔藓，园外那些却是令人惊讶的干燥坚硬，雨雾再深也绝没有一丝绿意。好像苔藓们个个意志坚强，死也不愿意跨过一厘米的距离，爬到新砌的石头上。它们只认上了年岁的山石。

人站到绿色的石阶上，头上也有一层绿色压下来。刹那之间，眼前有些昏蒙，唯一明亮的是上方的一道黄墙。

这里又有一座寺院。顺着斜梯走上去，是寺院的正门，门上挂着"广福院"的匾额。

寺院虽小，讲讲它的历史，却一点都不短浅。

和惠力寺一样，也是里人舍宅而建，年代在唐元和年间,建寺人宋坦古书上只是一笔提到,留传不多。

和中国大多数寺院一样,这座山间小寺也没有逃过兵毁的命运。

北宋天福年间,有个名叫善誓的僧人经过,说此处绝俗超凡,有古祠的遗气,倡导重建古寺。开始大概并没有人相信,后来从地下挖到古砖与鸱吻,才知僧人所言不假。

之后的记载是这样:"宋仁宗熙宁元年赐额寿圣,孝宗隆兴中,更名大圣宝殿,宋末又毁于兵。元大德庚子年重建。"

现存的旧址是明朝嘉靖年间所建。最近几年又重修过一次,虽然地上、墙上多了些明晃晃的装饰,仍是一座朴素的小寺。

一次,母亲无意中说起择庙而进不好,对佛菩萨不敬。我听了一呆,暗想,会怎么不好?过惠力寺不进,偏喜欢走远路去广福寺,不就是择庙吗?当时惴惴,等到过了桥,看着惠力寺高耸的大殿,犹豫片刻,还是往山上去。

小寺只有两进,前面一进天王殿,后面一进大雄宝殿,两边是配殿和素斋堂。殿里常有猫跑来跑去,有时没事,就多待一会儿,看看猫,看看供台上的莲花灯。

偶尔和大殿管事的阿姨聊天,她说是自愿来的,不要寺庙的工钱,也不吃寺庙的斋饭,她自己带饭来吃。我本来不善跟人聊天,那阿姨也不是话多的人,不知怎么,又说下去,告诉我她儿子有几年做一样不顺一样,公司开不下去,越是赔钱,越还是要赔,欠了一身债。后来实在不行了,她和丈夫只好把房子卖了,给他还债,他们自己租郊区农民的房子住。她那时心情很糟,睡不着觉,身体也不好,别的地方都不想去,就来庙里。慢慢地跟这里的师父熟了,庙里也需要人手帮忙做点事,一晃,也有几年了。现在儿子生意越做越好,买了两套房子,她自己身体也转好了,哪像生过大病的人?她坚信这是菩萨保佑的缘故,赞许地看着我,说我有佛缘。我也明白,她说这些,不是为她自己,而是现身说法,让我相信多拜菩萨多求善心,是会招来善缘的。

其实,我去小寺,也就是喜欢小寺的安静。熟悉我的师友常说我太安静了,大家聚在一起玩得高兴,只有我像个局外人,放不开。不知道是不是我没有兄弟姐妹,从小到大习惯了和书做伴,又有父亲严厉的管教造成的。而且,我的安静可不像外表看上去这么牢固,有时候,忽然惶惑起来,不安起来,这种时候,就像饿肚子的人需要饭一样,需要一个特别安静的环境,修补一下自己。

和悲伤的时候适合听悲伤的音乐差不多吧。

小寺只比惠力寺高出半个山坡,却有绿树环绕置身山中的感觉。这也是我喜欢去小寺的原因。

某年冬天,一夜大雪之后,早上起来,对着窗外看了一会儿,终于坐不住,穿上大衣,裹上围巾,换上厚厚的靴子,去西山看雪。

路上行人寥寥,到了山下倒遇到一些人,禁不住雪的诱惑,不怕冷地跑来看雪。

除了影影绰绰的树影,风雪之中越发低矮的黄墙,别的也看不清什么。只觉得雪片在风中打着旋,飞飞扬扬往脸上、头发上钻,其余一切已经在雪中隐去。

"世间俗人,只知道关心这座山、那座山上的树林花朵何时开放,朝夕在外面寻花问草,只知欣赏眼睛所见之花草,却不知鲜花红叶就在心中。山间或海滨的茅屋都是寂之地,去年一年的鲜花红叶,都埋在了雪下,看上去空无一物的山里,与清冷的海滨,其意境都是一样的,而且都是'无一物'的场所,自然能够催发人的感兴。白雪的下面,正在酝酿春天的阳气。"

这段话出自日本大西克礼的《幽玄·物哀·寂》。

正是这"无一物"和"白雪下面的阳气"的幻境吸

引着我一次次回过头去看小寺的黄墙。

古人进山,是为了忘世,也是为了忘我。

我也想忘掉一些"我"。

写不下去的小说,等待回复的邮件,想不好措辞又必须打过去的电话,要不要找朋友帮一下忙的犹豫……我一点不怀疑,我就是为了忘记这些才站在这里。

雪稀稀落落地沾到我的衣服上、头发上、脸上,我站着,总觉得雪里潜藏着神秘的无限色调和奇异的生机,吸引着我去忘我。

求仙之路

某日,在山上走着,忽然想,这里好像只有佛寺,倒没有看见过道观啊?

大概那一阵正好听庄老师讲《太上老君说常清静经》——"清者,万缘顿息;静者,一念不生"——听是听进去了,要做又是另外一回事。一念不生,一个凡人,怎么可能啊?

走到烟霞洞这儿,莫名看着石碑上的简介:烟霞洞古名紫微洞,洞里原有泉水通硖石湖,雨后天晴,太阳斜照进来,水光闪动,烟气升腾……又生出一念:叫烟霞的地方是不是和道家有关啊?崂山的道长不是给庄老师的新居起了个名字叫"栖霞楼"吗？栖霞。烟霞。这地方难道是道家修炼的地方？

也不一定。南京有栖霞山，山上有古栖霞寺，也是佛寺啊，不是道观。

而且，这儿走过不下百遍，沿山腰步道必定经过这里，必定看见一块巨石从山上斜突出来，苔痕深厚，是山上最有险境的地方。阴天，下过雨，也是这一带最青绿苍翠，倒没想过这块巨石和烟霞洞有什么联系。其实绕过去就能看到背后有小石阶盘旋向上，以前我总以为难走，又以为山上的古迹多被破坏过，只有虚名，从来没有上去过。

为了证实洞已不存，除了乱石的确没什么了，索性爬上去，也还是只看到石头，青苔野草裹身，披毛带发似的抵靠交错。藏在中央的一小方平台积满落叶，像动物巢穴，刻意一点，当它乱世中的净土也是可以的。

看过下来，觉得自己也不算起妄念。烟霞洞还是烟霞洞的时候，说不定真有道士在里面闭关，尚友古人，以无友为友，一心只求修道。

翻过年，四月，在博物馆偶遇芭蕉先生，看完出来，芭蕉先生说起山上有个地方，以前竟不知道，又说下午散步极好，可一直走到八仙台。

"八仙台？山上真有八仙台吗？"我实在不知道。

"有啊，就在烟霞洞上面。以前我经常爬上去呢。"芭蕉先生看了看时间，说走走十来分钟就到了，反正顺路，不如一起过去看看。

既有八仙台，就算不是道观遗址，也有道家出入过吧？正觉得可以问一问教历史的芭蕉先生，突然，芭蕉先生又说："八仙台那边就是马自然羽化处。你知道马自然吗？"

总是见我面露无知，芭蕉先生继续说："他是唐人，扶风马氏的后人，自然是他的字。传说总归是传说，用不着当真。好的是那段山路，你看过就知道了。"

我不是很相信山上有这么好的去处。到了芭蕉先生说的那个地方，只是一堵薄薄的山墙，石阶从中间穿过，第一感觉竟如戏台匆促搭起的布景。不过，这里树多，又有竹林，叶影映到白墙上，微微浮动，倒也有几分可看之处。再看山墙两边的圆窗，窗上的图案，还真的感觉出几分道教建筑的意味。

走近了看，门上有四个浮雕篆书："入仙境游"。这是说，进了门，就是仙境？

一条泥沙小路时而沿山石盘旋、分岔，时而直接穿山石而过——那就不是走了，真的要爬一下。山势变了,眼前的景物也变了,下面看着斜着往上长的树又变得笔直。山忽然有了另一种样子。要是添上几道溪流,竟有点像北宋山水画,野气,清淡。

虽然仍未感觉到芭蕉先生所说得好,可是这么多年怎么就没有想过往这儿走一走?难怪写《活山》的娜恩·谢泼德会说:"观看了很久之后,我才意识到自己此前从未真正看见过它们。"

转到八仙台,其实就是一块大石,独立于怪石之上,顶上平整,相传马自然丹炼成后站在这里眺望过。芭蕉先生读书的时候没事最喜欢带本书到上面坐一会儿,前些年,他还爬上去过一次。

可是,看它四壁皆空,我还真的起了怯意,围着它转了转,便放弃了。只是看着它,想象坐在上面读书的样子,对弈的样子,抚琴的样子。如芭蕉先生所说,看星星,坐禅,做梦,怎么都可以。

时间往前倒推几年,1989年的我,2001年的我,2012年的我,发现山上还有这么一个地方,一定会带一本书来,无论怎么样也要爬上去待个半天。现在的我只需要想想这个画面就可以了。不管什么书,我大概都看不进去,宁愿吸吸这地方的空气,什么都不去想。

从八仙台再往上,就是白鹤亭。传说马自然在烟霞洞羽化仙去后，有白鹤飞来，在洞口徘徊好多天才离开，有好事者建了个亭子记述此事。至于好事者是无聊之人，还是多事之人、有心之人就无据可查了。

现在的亭子是1985年建的，本身并没有特别之处，不过，它出现在这里，和山门首尾呼应，总觉得像是构成了什么。但是构成了什么呢？我一时并没有想清楚。

之后我找了不同的时间，不同的天气，又沿着这条路走过几次，也试着走一走以前没有走过的路，我也总能从路的改变中，看到景的改变；从天气的变化中，看到景的变化。

只是八仙台始终没有爬上去过。开始怕摔下来狼狈，后来是忘了还可以爬上去。去的次数越多，站在那儿的次数越多，越觉得它像一面镜子，我站在这儿，它照见我；芭蕉先生站在这儿，照见芭蕉先生；喝酒的人来了，照见喝酒的人；寂寞的人来了，照见寂寞的人；没有人的时候，那就只能照见山林、日月了吧。

这是因为，我总以为人生命太短，目力太浅，超越不了天地之间的深厚之物，看来看去都只能看到自己。

就算站到八仙台上，也望不到马自然眼中所见的仙境。

《续仙记》中的马自然,出身小官吏之家,跟着道士游遍天下。一次在湖州喝醉酒,掉进溪水,过了一天才出来,衣服竟然不湿,坐在水上说他是被楚霸王项羽召见,一起喝酒去了。他指着溪水,能让水倒流;指着桥,能让桥断了再接上。脚倒挂在梁上也能睡觉,靠一根拐杖,敲敲打打,能治百病。及死,已经装入棺木下葬,人却在东川出现,自述在浙西羽化,被玉皇所诏,白日上升为仙了。官府派人挖开他的坟墓,打开棺材一看,里面只有一根竹枝。

《海宁世家》中的马自然,是扶风郡王马璘的儿子,名门之后,世家子弟。马自然虽然确有其人,在海宁留下的古迹却多是传说。

《全唐诗》录有马自然的诗:"昔日曾随魏伯阳,无端醉卧紫金床。东君谓我多情赖,罚向人间作酒狂。"诗中的马自然更真实一点,一个嗜酒的道人,行游不定,飘忽无依,只留仙名。

某天,我又走到山墙这儿,望着隐在树林深处的白墙素瓦,石阶由平缓而至低落,再从低落升至高处,如同登梯而上,脑中就像有手拂过:这,这不是像一道求仙之门吗?这,这就是一道求仙之门啊。如此一来,打坐,修炼,羽化,成仙,从山门到烟霞洞,到八仙台、白鹤亭不是正好构成了一条完整的求仙之路?

  道家修道多选在人烟稀少、山水有灵的地方。这条求仙之路,也是修道人之路,虽然已无道人的身影,可它无疑是山上风景最好、最有山水仙气的地方。

山色（二）

元旦爬西山，从山腰往右，穿过紫藤花架，走到能望到东山的地方，实在喜欢树枝之间半隐半露的塔，拍了张照片。

画画的金雪看到了，觉得好看，说：不知道的还以为我们这儿有很高很高的山。

这当然只是角度造成的。西山四十多米，东山八十多米，我们这儿哪里来的很高很高的山？

不过，有时候是会有这种错觉。有时候，几棵树，几块石头，就能让我恍惚以为人在山中。

芭蕉先生好登西山，也好登东山。冬有冬的味道，树叶落尽，山的形状全露了出来；梅花樱花开时又是一种味道；夏天绿叶簇簇；秋天有秋色；如果大雪覆盖，那就是天赐了。

三五年前，路上碰到芭蕉先生，总问同一句话：东山去过没有？

听我回答没有，芭蕉先生马上又说一句：有空去走一走吧。

不太记得去东山，最早是因为远，又没有公交车。等到有公交车了，也还是不去。印象里山前山后全是各种厂，各种粉尘，各种烟囱，化肥厂的，水泥厂的，制革厂的，还有肿瘤医院，火葬场……总也起不了去的念头。直到听说东山有一棵明代的紫藤，六百多年了，在斑竹园一弄那边，倒又不怕了，等不及开花就找了过去，还真找到了。后来，是听说东山有片房子拆迁了。房子拆起来其实没那么快，外面拆了，正好看看藏在里面的那些。于是拿上相机，又去了一趟。踩着碎砖乱瓦，一家家看过去，只剩半壁的房间里到处扔着不要的衣服裤子，照片，药瓶，断手断脚的玩具……被人丢弃的房间总像是更有人生之味，更能看到人的一生，不过就是从无到有，又从有到无。大概年岁渐长，途中看到一队披麻戴孝的人捧着死者的照片走来，也只是让到一边，望着他们，等他们过去。

这还只是在山脚下。

印象中第一次去山上，是报社的朋友偶尔相约。一路聊着天，从最近写了什么聊到正在读的书，那一阵热衷于读安贝蒂的《什么是我的》《想象一下临终的那一天》，以至于从两家厂的夹缝还是哪条小弄堂绕进去的也忘了。走了很久，才从那些车间套车间、仓库套仓库的地方走出来。山上静悄悄的，风不吹，鸟声也无，道旁不时伸出一块墓碑，半个坟头。印象最深的还是山上的绿，像是从头顶泄下来的，又像从四周聚拢过来，抬头绿，不抬头也绿。被这绿一分神，连话也忘记说了。

过了几个月，想念山上的绿，跑到山脚下，却找不到上次的路。就近从北坡烈士陵园上去，以为总有路可通山顶，然而山道几次分岔，我就没方向了。再加上四边树木低矮压抑，墓影幢幢，正不知怎么走下去，忽然有朋友来电，听我说一个人在逛东山，问我走到哪儿了，要来找我。无奈答，就是不知道在哪儿了……退回到烈士陵园，和朋友会合后，倚着陵园的栏杆聊了聊各自散去。只算爬了半次山。很久，也没有想过是不是再去一趟。

塔

从上海坐火车回海宁，一路平原。离进站还有几分钟，地平线尽头浮出的淡烟色的山，就是东山。西山要等火车开进月台的刹那才会看到，因为近而庞然，仓促一现，消失在格局复杂的建筑物背后。

对我来说，它们起初只是到了，快到了，收拾收拾行李下车的信号，然后才成为可以注目可以遐想的目标，一个和人的短暂生命正好相反的对照……

不知地壳经历了怎么样的运动，才在这块浩大的平地上推挤出两座只如独峰一般的孤零零的小山。传说两山本为一山，秦始皇经过时以为有王气，命十万囚徒凿开，才有了现在的格局。"碛石"之名也因此而来。

4世纪的顾恺之和6世纪的展子虔，在他们的山水画里都把水安排在两山之间。河流两岸，山以南，这一地的居住环境从此就这样形成了。居民们去山上拜佛，求神，许愿，修道，死后抬到山上埋掉，和山结为一体。往后，可能居住地越来越靠近西山，更多的人埋到东山。再往后，本地人的尸骨，东山也不接纳了，它们被转移到殳山，一座更小的山，及至更远的地方。现在的西山已经变成市区的中央公园，困在房子的包围圈里；而东山，从现在比草长得还快的房子来看，不久以后也要变成中央公园的。

智标塔重修以前山上有电视台的发射塔，如同塔的替身。小时候分不清塔和电视塔的区别，觉得电视塔更现代更新奇。等到新塔落成，之前的印象随即被覆盖掉，好像塔一直以来镇守山顶，从古至今，从来没有消失过。以至于想起东山，还没想到别的先想起塔。

塔的每一次兴盛毁灭都有记载：

——始建于东晋，宋代常州僧人智标云游到碤石，塔已经倒塌，于是身背木鱼，到处宣传佛经劝人信佛，乞求化缘。塔建成后，改名为智标塔。

——明嘉靖三十四年（1555）正月，倭寇掳掠，化为灰烬。万历年蜀僧圆海重修智标塔。

——光绪四年（1878）春，"忽为雷火所焚"，经七昼夜火烧殆尽；光绪七年（1881）七月，魏塘照人禅师从无锡来到碤石，募资重建，光绪十年（1884）六月落成。

也不过六七十年光景，到了1953年春节，塔外表巍然，实际已临近倒塌。如同清陈涵《东山塔诗》所叹："十年不到东山塔，今日重来满眼尘。败壁仰观空有句，危阑俯视竟无人。"

寥落萧瑟的景象又维持了十六年，1969年冬日的下午，为了修建防空洞所需要的砖石，随着一阵爆炸声，塔再次消失。

为了复建新塔，2003年4月，浙江省文物考古研究所的考古专家们清理了塔基和地宫。石函打开，埋在黄土中的宝物一件件显露：铜释迦牟尼像、铜迦叶像、玉螭纹璧、水晶护法狮子……最珍贵的舍利子盒安放在镏金的阿育王塔中，银质，盒盖和盒底刻着牡丹图案，里面的两枚舍利，一枚淡白，一枚微红。并不知道十四年后，也是四月的某天，会有机会走近打开的银质盒盖——为这么近距离地拜谒、一生只遇这么一次而心生紧张，以为会感应到什么，凝神屏息的刹那，想到的只是修道之心难得，而得道之途更为艰难。

塔最初的功用是埋藏佛舍利，供奉佛像佛经，也是僧人们圆寂后的安息场所。后来慢慢发展到镇妖、镇邪、镇水，祭祀和纪念，式样也从坟墓模样的土丘，演变成今天普遍可见的五重塔、七重塔，以至更高的九重塔、十一重塔，成为比山还要高的存在。是人的无限的体现。

现在的地宫下面埋藏着什么宝物呢？我不知道。有时觉得它像个路标，指引我回到过去，唤起过往的某些记忆；也指引我去看现在还看不到的未来。也有一些时刻，它只是普普通通的风景，一个镶在地球泥石之上的点缀，从河面升起，从路口升起，从屋顶树梢升起。某天走近它，不过像惠特曼"弯腰闲看一片夏天的草叶"那样，抬头闲看它一眼。

从前的山

小时候大人讲不出故事,就讲"从前有座山,山上有座庙,庙里有个老和尚,在给小和尚讲故事。讲的什么呢?从前有座山……"循环往复,没完没了,听到不要听为止,又很好奇,从前那座山在哪里啊?

大一点,在纸上乱画,画来画去,不过是一座山,一座房子,房子边上有棵树,山顶挂着太阳,比太阳低一点的地方有一朵云,比云再低一点的地方有一只鸟……

那个时候不知道,故事里的山,画里的山,只是心里的山,世间是没有的。及至看到山了,也只是满足于山的高,山的雄伟,山的气势,山上望下去能看到什么,几乎不会去想,我看到的山,不过是山漫长一生中极短的一个刹那。它肯定不只是自己看到的这样。

要了解一座山是难的。

翻志书、古书,东山从前也叫沈山或审山,因为宋临海、南阳二郡太守沈景葬在山上得名。山势北高南低,东西窄,南北长,西翼有一小岭,高十四米,称北亚山;南向山势平坦,称南山。

山上有崇福寺,位于山的西麓,又名东寺,唐乾元元年（758）顾太守舍宅而建，旧名灵池寺。明代王阳明《游硖石诗》"朝登硖石巅，霁色浮高宇……乃知顾况宅，今与梵王土，书台空有名，湮埋化烟莽……"和清顺治《海宁县志略》所称"东山崇福寺有唐饶州司户顾况宅"相合。

西麓还有妙智阁，宋徽宗政和二年（1112）建，高宗绍兴元年（1131）重建，明万历年间被火毁，万历四十年（1612）复建，更名大悲阁，阁内供大悲像，俗称小天竺。（读到这里，马上联想到杭州的上天竺、中天竺、下天竺，僻静幽深的上香古道。）

碧云寺，在钵盂峰下，多合抱的大树，竹林森密，原名崇惠庵，唐代宗大历三年（768）赐名碧云寺。元末兵毁，明洪武二年（1369）重建。崇祯八年（1635）在寺旁俱胝岩下建藏经阁，明末正殿毁，清顺治年间扩建，增建禅堂及斋田八十余亩。明沈友儒《游碧云寺》："寺夕含余晖，云深欣独往。空林人未归，但闻落叶响。"读来有王维的味道。

广福院，有两座，西山的叫西广福院，东山的自然就叫东广福院了，也叫半山殿，有白衣大士像，又称白衣殿。

这些是寺庙。

还有古迹。

顾况读书台,志书记载,"在东山葛洪丹井西,有石倚空,顶如平台,山势环拥、清翠四周,唐顾况尝读书其上"。现在与崇福寺、葛洪丹井同在硖石中学校园内;

三不朽祠,祀顾况、白居易、刘长卿,又称"唐三贤祠",也有两座,一座在西山广福院东;

试剑石,相传秦始皇试剑于此,下有剑池、小赤壁;

菊庄,横头东郊南山下,明代唐元浩、胡仰泉隐居处,名菊遍种,旧有东篱秋色。

……

这座不大的山,一千多年间集聚过这么多寺庙古迹。《硖川志》记有东山、西山二十四个名胜,画画的金雪以此为参照,画过《硖川二十四景》,智塔穿霄,书台叠翠,碧云夕照,东岳霁雪,丹井流霞……数了一下,和东山相关的有十多处。只不过今天还能看到的只有极少几处,更多的也就只剩下一个名字了。

拍于1948年的一张老照片上,东山就已经空空荡荡,被取尽一切可取之物,除了山顶岌岌可危的塔,让人想到即将倒掉的雷峰塔,只有山腰处残存了两处院落，一队人——总有上百个，朝着山顶逶迤而上。没人知道他们上去干什么。这张照片像是从前的山留给世人的最后一个定格。此后的山，则如大病而愈，一点点恢复生机。我似乎有点明白东山的绿和西山的绿不一样在哪里了，东山的绿是年轻的绿，薄，透明，带着不受管束的率性，落到哪里就留在了哪里。

说是这样，这座山我能知道多少呢？翻再多的书怕也没用。那么，好吧，我想要的，不过是在山上走一走，不过是像惠特曼说的那样：走吧，远离窗帘、地毯、沙发、书籍——远离人群——远离房屋、街道……远离一切束缚……

2010年前后，火葬场从东山北路迁往殳园路1号，让人望而生畏的烟囱拆除了，对面长年苦于烟灰飘扬的住宅连同被砖块、木板封死的北窗一起被推倒，各种厂房也陆陆续续拆除，如同撕下一块块累赘、不洁的黏附物，代之以香樟林，银杏林，桂花林，无患子林。

自然又开始回到这里。

坐车经过东湾小区，看到路牌上写着菊庄路，想起志书上的"东篱秋色"。菊庄没有了，可又有了菊庄路。世事大约总是像雀化为蛤一样轮回的吧。

雪后

一月天寒,因为芭蕉先生一句"再不去,雪都要化了",到底还是去爬东山了。

走百里梅园边的小路上山。

北坡冷,梅花零零星星开得不多。白梅更少。梅树环绕的素白建筑是新建的蒋百里纪念馆。知道蒋百里的人可能没有知道徐志摩、金庸的人那么多。他是军事家,毕业于日本陆军士官学校。身为藏书家的后代,也是读书人,在德国当见习军官的时候,一边参加德皇威廉二世的秘密外交,一边不忘拿一本歌德的诗集,在橡树林里席地朗诵。写过《国防论》,翻译过《欧洲文艺复兴史》。他一生最为著名的事件,发生在保定陆军军官学校当校长时,因为和当局意见不合,当着全校师生的面拔枪自杀。还好被救了回来,不然也不会在医治和疗养期间遇到他的日本夫人左梅了。左梅喜欢梅花,蒋百里爱屋及乌,在东山西麓买地,种下两百株梅花。那是过去的梅园。现在的梅园,只是一个纪念地。梅园动工时,本地曾风传蒋百里第三个女儿蒋英——也就是钱学森的夫人会亲来梅园。然而,2012年蒋英去世,传言终究落空。现在的梅园,只有游人偶尔驻足,去纪念馆看看蒋百里先生生平，赏赏梅花。

到了小路分岔的地方，往左，枯叶多起来，脚下，沟底，铺着厚厚的暗黄色和棕黄色。石头也多起来，可能裹了太多的青苔和藤蔓，死的活的全都交织在一起，看着有些奇怪。

四下安静。看前面，只有积着残雪的石头和树。看后面，还是只有积着残雪的石头和树。阴云像灰白色的烟霞低垂笼罩。

荒凉吗？荒凉。

可也不全然是荒凉。

这些和草木共存的石头，之前所谓的奇怪，其实是古老。而且，总觉得有点眼熟。在哪里见过呢？

走到东坡，忽然想起来了，是在芭蕉先生那里，在他指给我看的一幅画上。

画是芭蕉先生淘来的。不是真迹。"不过，仿马夏也算仿得不错了。"芭蕉先生当时是这么说的。

从4世纪以来，中国画家对于风景的表达就是山与水。

对于我这种不懂画的人来说，中国的山水画好像全都是一个模样。高山，溪流，竹林，茅舍，士人，渔樵……这自然是我无知。小时候唯一知道的一幅中国画，是印在杂志上的唐寅的《秋风纨扇图》。自己不会看，又缺乏教导，不知道怎么感受画中的气韵，去上博看展览偶尔跑到古代绘画馆，不过是去看看杉本博司所说的"墨色浓淡间潜藏的可谓神秘的无限色调"。知道马夏，也正是因为读了他的几本随笔集，《现象》《直到长出青苔》，刚好知道马是指马远，夏是指夏圭，作为宋代的北宗画家，在国内不算有名，却很受日本人尊崇。

奇怪的是，仿马夏的画，我看了没感觉。这条山道，倒给我宋代山水的错觉。真想走回去再看一看。不过，东坡也有相似的石头。最大的一块孤零零地立在林莽苍苍中，不是大荒山无稽崖青埂峰下那块顽石吗？不知怎么被抛到这里？太阳斜照过来，满身浮突出点点光影，也像一部梦中所作的书。忍不住往粗糙的石面上摩挲几下，也算读过了它的故事。

东坡树多，树与树之间显得空疏，枝干一律斜成45度，像是被狂风吹出来的。

山势低下去，就像忽然走到谷底来了。途经一片石林，密到太阳的光线都照不进，只见人形似的暗影，或站，或蹲，开始觉得恐惧，回头再看，又觉得好。有灵气的地方，都是不轻易接近人的。正是因为少有人进去，这些石头才能把上一次地动山摇之后的形状保持到现在。

道旁也有石头不分大小交叠在一起，脑中闪过一念：万石窝！就是这里吧？

又往前走一段，山道右侧，一段红砖矮墙上醒目地写着"诗人徐志摩墓旧址"。

1932年春，徐志摩飞机失事去世后的第二年，灵柩运回硖石，在西山公祭后，同年秋天葬于此地。坟墓是一只巨大的石棺，胡适在石壁上题写了："诗人徐志摩之墓"。又过一年，1933年的清明，陆小曼到海宁给徐志摩扫墓，也是来的这里，回去画了一幅满是清寒之气的山水图，题诗：年来更识荒寒味，写到湖山总寂寥。陆小曼来海宁扫墓，有记载的就这一次。

墙边有一条岔道，逶迤往下，不过四五十米，路一转，现出半人高的栅栏，里面两块石头相对无言——应该就是1966年被毁后残存的石棺，或石棺前的几案。

这里的围墙上也写着"诗人徐志摩墓旧址"，边上另有作为附注的三个小字："万石窝"。栅栏内静穆沉寂，犹如时间止定，栅栏外却像刚犁过一般，遍地湿土焦土，扔着不要的拖鞋，眼镜，破锅，烂碗……一幅大撤退景象。看了一会儿，大致明白化肥厂建厂时把墓地也一块圈了进去，至于在上面建了花房、仓库，还是职工宿舍？就不知道了。从丢弃的东西来看，的确有人在这儿住过，过着三餐一宿的平淡日子。等到化肥厂迁出，厂房化为废墟，墓地才又暴露出来。

一定是有人没有忘记徐志摩的墓，找到了这里，确定了旧址的所在。我一厢情愿地认定墙上的字也是这个人留下的，为了方便其他寻访墓地的人看到。这块地方因此被保护了起来。字也好，栅栏也好，藏着这个人的深厚用心。虽然不知道他是谁，却因为他而感觉到人的善意。即使只有很小一点，也足够弥补另一些人的毁墓之恶了。

万石窝在这里，旧时二十四景中的"石窝小隐"应该也在这里了，据说明代的查继佐在此结茅隐居过。根据芭蕉先生说的路线，到了万石窝，就能看到小赤壁了。

我没去过黄冈。至今我所知道的赤壁，只是杜牧的"东风不与周郎便，铜雀春深锁二乔"；只是苏轼《赤壁赋》中的"哀吾生之须臾，羡长江之无穷"。《后赤壁赋》中的"月白风清""断岸千尺"。

2016年冬，我在洛杉矶郡立美术馆的一间展厅里见到董其昌的《后赤壁赋》，古人的墨迹果然不同凡响，不懂书法的人，望着铺满一面墙的草书，竟然见字如见赤壁，少有地生出悲壮和酸楚，就像我不是坐着飞机来的，而是仅凭双脚一步步走过来，走了不知多少年，经历了不知多少衰运痛苦，才有这样的遇见。

想象中的小赤壁，是一块险峻的绝壁，壁下积有水潭，水面寂静，也是应该有几分悲壮的——不知这个印象哪里来的。带着这个画面去找，怎么也找不到。

问一个闲步上山的老者，才知道身后走过几次的地方就是。粗看又是一堆乱石，而且，也太小了。老者笑说："书上写写的，没有那么好。不过，前面这块大石头上坐坐倒也不错。"背着手走了。

石头被太阳晒得暖烘烘的，坐上去，正好对着小赤壁。边上一棵乌桕树，光秃秃的没有一片叶子，只在树梢上挂了好些对生的小白果子。我认识这种树，完全是因为画画的金雪，在她的画上见过，枝条细而不弱，疏淡清雅，果然好看。以前听美术课，说南天竺入中国画，看过金雪的画，这种树也是入中国画的。从树看回到小赤壁，发觉这些石头更有动感，像是滚落到一半，被一股神秘的力量拉住，硬生生地停在现在这个位置，只要稍微有一点震动，就会重新滚落下来。而且，总觉得这里应该有一道小瀑布，边上还应该盖一间茅屋，有人坐在窗前,手上握一卷书——我又有了身在画中的感觉。

帕慕克在《天真的和感伤的小说家》里谈到中国古画给他的影响,说中国古代的画家,他们登上山顶,为的是捕捉广袤山川的诗意。高居翰喜欢提醒天真的爱好者:那个从高处一眼望去包揽一切、使中国山水画得以可能的视角实际上是虚拟的,没有哪位画家会真的在山顶上创造艺术作品。

画中的世界本来就是虚构的,是中国人心目中的山水,那我又怎么会在真实的山中感觉到虚构的山水之美呢?

这问题反正一时回答不出,继续往前吧。

"老残安宅"石刻隐在坡上的树林里,不太好找。幸好又遇到那位老者,这才拨云见日一般看到刻在石壁上的大字。

我问老者可知这个老残是谁?是不是写《老残游记》的老残?

老者说,倒是有这种说法,据说刘铁云光绪年间曾取道上海、嘉兴、石门、杭州航路来回,途经海宁留下遗墨也有可能。不过,本地商会的头领吴小鲁因为跛足,晚年自称老残,也有人怀疑是他的笔迹。这些都是没有考证的。这个老残到底是谁，到现在也没有一个定论。就当他是闲云野鹤，飞来此地，留下一点痕迹，又飞走了。说到这里，老者开怀一笑，告诉我原来下面还有一块石碑，上面写着"老残瘗梅处"，边上种了十数株白梅。

我问他那些白梅看见过吗？他说看见过，不过那时候还小，只是顽皮，也没有多少印象了。

再问安宅的意思，老者说，也有人以为是死后长眠于此的意思，如此，安的是死后的宅。不过以他来看，此人多半想效法查继佐，在此安宅隐居。是不是这样，就说不清了。世上的事，真真假假，谁说得清呢？

是啊，是啊，谁说得清呢？就像今日遇他指路。谢过之后便各走各的。我自去钵盂峰，他则不知去向，对于我来说，也如闲云野鹤，不知所终了。

以后走的是新修的木栈道，每到拐弯的地方都设了平台，像我这种习惯平地的动物，尽可以停下来喘口气，感觉一下"一览平地远"。

离峰顶越近，石头越凌厉多角，一副拒不驯服的样子。人也多了，其实也是因为峰顶不大，倾斜着，伸向东南方，一块天然的观景平台，可以从最东边的大桥、河看到最西边的大片住宅。再高的楼，望下去也小得像蜂巢，让人难以相信自己就蜗居在这么小的一个地方，每天忙忙碌碌飞进飞出。

山下的人各有各样，到了山上，还是各有各样。有的就是为了上来吃瓜子的，有的是为了换个锻炼的场所，有的是来拍照的，也有上来沉思的，背朝众人，向着无限遥远的世界尽头……

我上来又为什么？

塔影、松林、黄叶，一千年前、两千年前的黄昏，也就是这样吧？坐在峰顶最高最大的岩石上，有一种和天地浑然一体的错觉，仿佛时间停止，自己消失。

隔天，在路上碰到芭蕉先生，说起北坡的山道和宋代的山水，芭蕉先生笑着说不奇怪，马夏的山水有些就取材于浙江。

原来是这样啊！我觉得意外，看着芭蕉先生，以为他还要说什么，他只是笑着说："那，什么时候再去一次吧。"

面山而居

东山因为有火葬场，又多墓葬，早些年，本地人说"死了"不说"死了"，说"去东山了"。走在路上，要是碰到两个老年人在那儿打招呼，一个问，最近身体好啊？另一个十有八九说：好什么，就等去东山了……

一次路上腹痛内急，避进公共厕所，听到隔墙有个男人在说："我是拖不过年的，自己还能不知道自己？也没什么好说的，到时候席子一卷，送到东山，炉子里一塞，灰嘛，就倒到钱塘江里，省了买墓地的钱了……"声音平平静静的，像是在聊家常，既不泄愤，也不抱怨。可是在那种冷风飕飕、臭气弥漫、灯光又昏暗得出奇的地方，听着格外让人心境惨淡。

火葬场迁到殳山后，自然就可以把"去东山"替换成"去殳山"了。不知道是不是"殳山"两个字用本地的方言说起来总没有"东山"利落上口。

东山渐渐和火葬场无关了，火葬场的原址成了一片树林，山上的坟墓也迁出了。现在的东山是东山森林公园，是生态绿地。在最新的规划里，"硖川二十四景"又将重现东山、西山，光明泉要修复，南山道院要做建筑基底修复，碧云寺遗址要修复，郜家岭良渚文化遗址要修复……有山还得有水，前些年挖的鹃湖离东山究竟远了些，往后还得再挖一个北湖，造一个120亩大的湖面……不过，这些听上去纷繁复杂的景点有没有我倒也无所谓。对我来说，山就是山，不是别的，也不需要别的。

某天途经一家售楼处，忽然想起有朋友说这家有小面积的公寓，户型不错。也因为公积金账上的余款，如鸡肋一般，不用浪费，白白看着房价一年年涨上去；用吧，就得把每月收入的大半搭进去，想出个门，连旅费都拿不出来。

当时只是一念，在售楼处待了一小时不到，出来已经交了订金，仅仅因为售楼先生说还有一套带院子的，一楼，朝西。

我听得心跳。带院子？朝西？反复看设计图，如果没搞错，在阳台上是能看到东山的。我是想把写字的桌子安到阳台上吗？

纠结矛盾了一周，签合同，交首付，办妥贷款手续，口袋空空。到底是去伦敦、巴黎重要，还是每天在家里看看山、读读书重要？又劝自己，鱼和熊掌，或许也可兼得，房子装修简单点，旅行途中多精打细算，也不是真的就不能出去了。

房子盖好，进去第一件事就是直奔阳台。

山如愿出现在窗外，不太远，也不太近，刚好是可以相看的距离——"相看两不厌，唯有敬亭山"的相看。我竟不知道我的心里早就有一座山，也不知道这座本应虚无的山，会这般真实地现身窗外。

难道这就是我的最后的居所？我这个从小想往外走的人，像是受过某种诅咒，又像是被不容更改的命运早就圈定好了，走了二三十年，只走了三点七公里，从市区的西南角，走到市区的东北角。

绝非甘愿，却不得不如此。

只好想，走不远，总有走不远的道理，也有走不远的好处。因为不能走远，反而更能反观自己？终究，除了我自己，我以为还能透彻而不谬误地看清楚什么人吗？又恰在此时——不早不晚——读到袁宏道的话：山水花竹这类事情，即使想让给凡世劳碌奔走之人，别人也未必乐于接受，就算据为独有，也不会招来祸端，此为隐者之事。

面山而居，尽可以把东山看成日本画家东山魁夷的"东山"，电影导演史东山的"东山"，"月出于东山之上"的"东山"，"我徂东山"的"东山"，"东山月下怀友人"的"东山"。满山的树，满山的青翠，这是春天。到了秋天，又是一种颜色。晴，雨，多云，刮风，大雪，早晚，黄昏，天四时有变，山也跟着一起变化。记下山在不同时刻的不同景象，集成一本《四时东山》也是说不定的。

老城记

市区的老街实在已经不多了。

硖西街算一条,干河街算一条。还有一条横头街,远一点,在东山那边,早好多年就说要改造,不知为什么,到现在还没动。南关厢本来是老镇区南端的城楼,明代就有的,城楼两端延伸出去的街,现在也算一条老街了。

干河街往事

有朋友从外地过来,一般都会问他们:要不要去干河街看看?

海宁是县级市,现在的城区中心就是从前的硖石镇。硖石商业起源较早,唐开元十一年(723)置硖石市时已经是浙北一带的商品集散地。咸丰年间米市兴起,硖石是浙江有名的五大米市之一。1909年,沪杭铁路通车,海宁境内停靠的站台有5个。不久又有了电灯、电话。

海宁的商业一直是繁荣的。硖石人总有点看不起上海人,以为上海人也没有什么好稀奇的,但又不免以"小上海"自居自豪。

经济发达,旧城消失得也快。十几年前,走在路上哪儿都能看见"2020年打造成中等城市"的标语。中等城市,得有中等城市的规模。于是,很多房子兜底铲除,连根拔起,片瓦不剩。连徐志摩出生且生活过22年的徐家老宅也逃不掉这种命运。编写《徐志摩全集》的顾永棣老先生曾去市政府据理力争,想留下已有480多年历史的老宅,言传甚至拍了市长的桌子,结果却是无功而返。仅2001年一年,市区拆掉的房屋面积就有十八万平方米。最老的东南河街、西南河街彻底消失了。残存下来的老街,一两百米,两三百米,像碎片一样散列在新城之间。

干河街其实不应该算在为了留还是不留让市政府头疼的老街的行列。

从建设路华联东门往前走十几步,一块路牌紧傍着电线杆略略歪斜地立着,路牌指向的街,便是干河街。

这条街是在河道上填筑起来的。它先是一条河,而后成为一条街。民国时期,中国银行碳石办事处、碳石大戏院、联友书场、良友照相馆都在这条街上。20世纪80年代末最鼎盛的时候,五百多米长的街汇集了银行、电影院、书店、医院、邮局、饭店、旅馆、百货商店,是市区最繁华最时尚的地方。

我以前的同事俞莺就在干河街上开过店,和丈夫各有一间店面,丈夫卖鞋,她卖内衣。"内衣比外套重要,可以没有好的外套,却不能没有好的内衣,因为外套是给别人看的,好的内衣才能塑造好的体形",就是她灌输给我的。我们还在一起上班的时候,她最大的梦想就是把相邻的店面也盘下来。虽然租金是高,可回报也惊人。同样一件衣服,在干河街就是可以开出比别处多几倍的价儿。

后来商业中心往工人路迁移,很多商家搬走,俞莺的店铺也换了地方。干河街冷落了下来,虽然这条街仍是连接东西城区的要道,仍是一些人的必经之路,因为拥堵,几年前成了单向车道,照相馆、书店、邮局、饭店仍然发挥着各自的功能。然而,它就像停留在20世纪90年代,日复一日,不再往前了。

店铺不断易主,货物看上去依然琳琅满目,却多是些价廉的童装,隔三岔五打出血本无归、清仓大甩卖的广告，仍门可罗雀，少有人问津。电影院门上横着的一把铁锁，积满灰尘的售票窗，千疮百孔的墙壁，给这条街带来凋敝的景象。徐志摩旧居则是这片凋敝中的异数，不管繁华也好，冷清也好，它只管端立于市中，是房子中的"不以物喜，不以己悲"者。

1926年，这幢灰红相间的小洋楼落成不久，诗人携新婚的妻子陆小曼回乡了。父亲出资修建的这幢新房，诗人想来是满意的，它不仅有电灯，还有冷热水管、浴室，德国进口的深黄印花地砖。在一个小县城，也算罕见了，因此被诗人称为"爱巢"。

进了门，穿过一小方天井，便是正厅。正厅上方悬挂的"安雅堂"三字由启功补书，给红木满室的富贵厅堂带来几分清气。正厅两侧的厢房现在是陈列室，随着脚步的移动，感应灯一盏盏自动打开，隐入时光深处的诗人生平，各个时期的照片，手迹，信札，著作译著，诗人一生追求并奉行的"爱""自由""美"，缓慢地在观者的眼前展示出来。

有一年，我和朋友走在这里，聊的是："这个人真是疯了一样要自由啊！"

又有一年，我和朋友走在这里，聊的是："看看这三个女人：林徽因1955年去世，终年五十一岁；陆小曼

1965年去世,终年六十二岁;张幼仪1988年去世,终年八十八岁。上天真的是公平的吗?"

上楼,西厢房是徐志摩母亲的房间,西前厢房是前妻张幼仪的房间。很多人不解张幼仪怎么会住在这里,这是因为徐志摩与张幼仪离婚后,徐志摩父亲认张幼仪为继女,为她安置了卧室。

东厢房是徐志摩的新房,床,衣柜,梳妆台俱为西式,且漆成粉红色,给这短暂的合欢之地蒙上了一层柔和的粉色。东前厢房是书房,和卧室相连,摆放着白藤的沙发茶几,墙上挂着"眉轩"二字。

有一年,我突然发现二楼有一道小楼梯通露台,走上去,能看到西山。

以后,每有朋友来,我都会像展示秘密一般把他们带上楼去,眺望一下诗人眺望过的山景,如他信中所写:"楼后有屋顶露台,远眺东西山景,颇亦不恶。"

朋友的反应各不相同。有人望山而无言,有人赞叹房子的风水,有人调侃房子的时价。眉尔过来那次,是在上面连抽了两根烟。那时她一门心思想着离开中国,走到她能走到的最远的地方。不久她真的就去了英国。一晃十多年,已经定居伦敦,穿着举止越来越像艺术家,只以自己为美,不受任何形式的约束;而我仍在原地兜着圈子。

从露台下来,还有一个地方也是一定要去一下的,那就是后院。

雪从北京来海宁,我陪她在后院耽搁了好一会儿,树下,井台边,拍了不少照片,也说了不少话。当时的井,水近乎干涸,积着碎石和枯枝败叶,完全不是《爱眉小札》里写的那样:"这一潭清冽的泉水;你不来洗濯谁来;你不来解渴谁来;你不来照形谁来!"我们带着不忍之心探向井面,只看到幽暗和混浊……

走出旧居,心里有时会突然染上淡淡的怅惘和遗憾,却又说不清到底怅惘什么,遗憾什么。带着些许茫然,回到街上,这时,如果恰好有奶茶的香味飘出来,如果又恰好是一个阴郁的雨天,那么,奶茶甜暖的香气,多少会驱赶掉一些心里的寒涩,不再去想人生无常不无常,得到过什么,又失去了什么。

还想往前走,就继续往前走吧,也不用多少时间,这条街便走尽了。

街两边多是些杂货店,商场绝不会出现的扫帚、铁皮桶、竹匾竹椅,炒货,山东来的大花生,这里应有尽有,从铺子溢到街沿上,仿佛以另一种方式延续着旧日的富庶。走几步,看似连得密密实实的铺面之间悄然绽出一道弄堂的入口,稍往里一走,就能看到门前茂盛的花草,炖着热汤的煤炉,屋檐下的鸟笼,苔迹斑斑的水泥洗衣台……2015年前后,或者更早,我用相机拍下这些景象,预感到一切都将无存。

不过四年,"志摩故里"的改造已经完成。打造中等城市的口号目前已经升级成打造"国际化品质型"中等城市,时间则延长到了2035年。

彼时的干河街又是什么景象呢?十位亚洲顶尖设计师设计的十幢漂亮建筑?艺术画廊,加书店,加美食,加咖啡馆的"文艺打卡地"?

这曾经也是我所希望的。喝个咖啡,散个步。现在,不知为什么,却失去了往日的吸引力。一想到独自坐在崭新的咖啡馆里消磨时间,就觉得还不如在东山的哪条小道上走一走。我的确是这么想的。这只能说明,我实在是个和时代潮流背道而驰的人吧。

话虽如此,如果有朋友来,我还是会问他们:要不要去干河街看看?

小镇的脸

二十年没见过面的邻居老季在老同事的葬礼上遇到我母亲,叫我去他店里一次。

"有什么事,他说了吗?"我问母亲。

"没说,只叫你一定去一次。"母亲说。

这就奇怪了。老季是和我母亲同一辈的人,叫我去干吗呢?

不过,反正老季的店在硖西街,和我上班的地方只隔了一座建设桥。

桥的位置也特别,桥这边,拐个弯,就是市区最热闹的商业街,那边,却是经年不动的老街。

桥头有棵老构树,枝叶垂下来,掩映了半个桥面。桥头的摩托修理行没搬走前每天放些 80 年代的老歌,《垄上行》啊,《外婆的澎湖湾》啊。一次陪友人走到这里,也是站在桥上,听完了一支《兰花草》。

硖西街很短,地图上叫硖西路,临河。河对面也是一条老街,叫仓基街。

站在桥上,正好能看到河道拐了一个漂亮的弧形,硖西街这边的两幢水阁房正好位于弧形的顶端。我总以为这条河,这条街,以及桥头的水阁房构成了最能代表硖石的风景。

换句话说,我以为的老硖石,就是这样的。

这里是老硖石的富庶之地。菜市弄穿过去就是徐志摩旧居,研究西方美术史的大家吴甲丰先生的故居也在这一带，只是我打听到的时候刚刚拆掉。"要带你去看一看吗？"师友热心地提议，我却胆怯地退缩了，不想去面对一片废墟。

每年总有那么几次散漫地走过桥，沿着硖西街走到底，过相院桥，从仓基街绕回来；也有时先去仓基街，再走硖西街回来，却不知道老季的店就在硖西街上。

如今住在这里的都是一些什么人呢？

去的路上，一直不见人影的小街上忽然走出一个戴金项链的光头男人，穿着花上衣花短裤骑上停在路边的车，像是赶牌局去了；又出来一个穿黑香云纱的阿婆，摇着蒲扇，缓缓往巷口走去，倒是土生土长的样子。

柱脚插在河水中的房屋多已歪斜，看似没有人居住的木窗内装过日、夜、晨、暮；生、老、病、死。没有办法不怀念自幼伴着我的这样的门，这样的窗，这样带着鱼腥味的湿热的空气。小店卸掉排门就是一个鲜活丰富的世界，烟，酒，油盐，锡箔，香烛，饼干，糖果。头往上抬，交错的电线像脑中的思绪一样紊乱复杂。

往左转入一个小区，看门牌，是相院里。恍惚了一下，想起这是西西最后住过的地方。

和西西也做过邻居，但我曾经是讨厌西西一家的，因为他们，外婆家有着假山、茅亭的园子拆成平地，砍掉所有的树，代之而起他们两层的新楼。我的自由自在的童年自此结束，舅舅没有钱把房子盖得更高，不得不从此生活在新楼的阴影之下。即使这样，我和与我同龄的西西仍然一起上学放学，做着很好的朋友，直到中学毕业。再以后，工作、成家，碰面的机会越来越少。有电话，从不联络。某年在西山散步偶然遇到，都很高兴。她告诉我她病了，病得很重，半年前动了手术，恢复得很好。又说信了基督，由此获得拯救，只是经常一个人在家很孤独。我要了她的地址电话，答应有空去看她，也常常想着哪天带上一束鲜花出现在她面前。然而，一转眼，五年时间没有一点痕迹就过去了。我竟然一次都没有去看过她。带着歉意打电话给她，约了她和另外两个好友相聚。那天晚上西西穿着黑白相间的毛衣，梳着长长的马尾辫，漂亮，斯文，一如学生时代。谁会相信她曾患有严重的肠癌？经历离婚、再婚诸多变化，然后得病，手术，化疗，被医生宣判只有半年生命，却一年一年，熬过了七年。我们传看她盛装主持晚会的照片，听她微笑着述说那些痛苦，感谢上帝让她活过来，都以为她已经治愈了。我送她克里希那穆提的书，希望她的内心更加强大，说说笑笑地告别，毫无预感那是与她最后一次见面。几个月后，先是听说她旧病复发，又听说她到处求医，断言自己活不到开学的日子，而她的生命一语成谶地结束在八月的最后一天。

现在的相院里，早已没有西西的身影。曾经和她有关的传闻，随着她的去世，也全都消失了。她去世的第二年，我和她最好的女友小聚了一次，一边聊着她，一边分着喝掉半斤黄酒。又过了一年，她去世的第三年，我打电话给她最好的女友，想再聊聊她，想再分掉半斤黄酒，不料被拒绝了，说如果只是两个人小聚就算了，上了一天班很累想早点回家。以后，我再也找不到可以聊起她的人。而且我为什么五年都不去看她一次呢？放不下的工作，总是不适的心绪，自闭的愿望，种种种……舍不得时间足以禁锢住我，虽然，我也只是在荒废着时间。忙忙碌碌地读书与忙忙碌碌地争名夺利又有什么不一样？同样是贪心使然。在西西去世整整四年以后，我却又走在这里了。

被窗栅流出的绿叶吸引，在窗下停伫，细看绿叶中夹杂着大丛的宝石花。这种卑贱好活的植物总能在相当的年月里从一个孤单的花瓣累生出无穷多，岩石一样从窗栅内挂下来。

宝石花是穷人、是拥有不起大宅的人的香樟树、桂花树。它们像树一样扎根窗内，告诉路人这里积累了多么长的生活的岁月，这么多的苦痛哀乐都在这静静的从不表述的植物里。

可是人不是植物，人乃是需要告慰，需要劝解，需要自我解脱的种类。

过了相院里，我数着门牌号，找到老季的药店。门面不大，两只狗，一只白的一只黑的卧在门口。见我走近，白的那只站起来狂吠。它好像不知道这样会吓走客人。

我喊了几声老季，推门进去，闻到中药的阴凉，老季却不在。店里的人说他吃饭去了，又大概还有一点别的事，一时不会回来。

这么早就吃饭吗？不是才十点多一点……心里这么想，有点懊丧，毕竟，他叫我来，我也来了。没多说什么，留了话，说改天再来，便走了。

虽然没碰到老季，白跑一趟，和过去有关的回忆，一时却全涌了上来。

和老季做邻居的时候我不到十岁。那时老季的诊所开在家里。他会治脱发，还有一些别的什么疑难杂症，好像上午十点多就吃午饭了。晚饭也早，店铺四点打烊，四点半家家吃起了晚饭。外面太阳还没有落，然而围墙太高的缘故，吃着吃着不及放下碗筷，饭桌上已落下暮色，饭桌上方积满油垢的灯泡支光不足电压不稳，永远是黯淡的。

那时的我痛惜小镇的人生只有城市的一半，没见过火车、把馒头当成面包、看不见外面世界的大有人在。现在的小镇却越来越具城市的味道，也可以去屈臣氏买洗发水了，也可以在星巴克喝杯咖啡，去避风塘喝一碗热腾腾的生滚鱼片粥了。当然，这只是物质层面。想看《盛清的世界——康雍乾宫廷艺术大展》吗？想看场话剧听场音乐会吗？想看凡·高、塞尚、莫奈，还是只能去一百公里外的上海或者杭州？但是小镇的脸如今确实越来越像城市的脸，属于小镇的那一部分脸也在日复一日变小、变小，小到如日落前的残照。

也正是在这残照里，还确凿地藏有小镇过去的岁月。不是风，不是云，不难捕捉，真切而实在。

凡·高在每一个触动他的地方坐下，架起白画板。

去硤西街，去仓基街，也是为了遇到一个触动我的地方。

某天，庄老师在电话里跟我聊起王安忆，说：你要在乎养育你的土地，它不在你以为的别处，就在你脚下，你要从这里面生出爱、责任和担当，那才是你的使命。

是这样吧？可为什么我所希冀的去处总是在遥远的地方？好像我的一缕魂魄从身体里出走了，总想着要去追回来。而实际上我仍然滞留在原地，每到我心生出走之意，便有极大的力量拖住我，让我陷入亲情的一团黏稠之中。一到填写出生地及现居地，我便脸红，人人都在迁移的现在，也许我是以写作为生却依然居住在出生地的很少有的这么一个人……

既然走不掉，什么时候我才能从心里真的去热爱这些老街？像王安忆写她的上海她的《长恨歌》、帕慕克写他的土耳其他的《伊斯坦布尔》……

我有些惘然地走过批发鸡蛋的昏暗的工场，让过一队搬运鸡蛋的工人，让过睡在地上的狗、大摊的污迹、一脸戾气的老板娘……这段路是这么短，它只是镶嵌在新的世界中，一天天受着新的世界的吞噬罢了。可这并不能阻止我走走停停，边走边按动相机，试图把眼前的一切全都用照片的形式记录下来。

过了两天，想再去硖西街找找老季，却接到老季的电话。

"没有什么事啊。就是叫你过来看看！"老季说着，笑着，声音和以前一样洪亮。

是啊是啊。没什么事，就不能过去坐坐，聊聊天，聊聊药店的收入好不好，家人的身体好不好吗？

某年10月，上海黄老师来，去过干河街，张宗祥书画院也看了，我问他要不要过桥看看硖西街，真正的硖石老街，原汁原味，下次再来，可能就看不到了。

梅先生的诊所和史东山故居

第一次去横头街，是陪母亲去求医。那一阵她颈椎痛得厉害，影响到手臂，手都抬不起，吃药，喝药酒，去医院做理疗全不起作用。

忽然有一天，有个同事说，你去找找梅先生嘛，他会推拿，祖传的，医院都看不好的病让他给看好了。

哦？这个梅先生有这么灵吗？我半信半疑，问同事要梅先生的电话和地址。同事说，要什么电话啊，就在东山南路上，你看见门开着的，一看就知道。

反正没有更好的办法，拖了一段时间，抱着试试看的心情找了过去。

以前真是不知道东山脚下还有这么一条老街，只是，门窗低矮歪斜，一副年久失修的样子，与其说是受到保护的建筑，不如说是被遗忘了。

门窗里面，慢慢腾腾地淘米洗菜、守着电视机收音机打发时间的老人，也像是被后代遗忘了。

这就是老街给我的最初的感受。既没有像样的大宅可以进去参观，也没有坐下来喝杯茶、喝个小酒吃点家常菜的地方。我有些失望，这不是一条适合闲逛的老街。我也没心思闲逛，一直在担心找不到梅先生，担心梅先生没有空给我母亲推拿，要价高得离谱。

想不到这么简单，先看到一家门口有株葡萄藤，枝干粗壮，弯曲着往屋顶攀去，看上去年数不短。再看屋里坐着六七个人，墙上挂着"手到病除"之类的锦旗，进去一问，这些人都笑，说梅先生名气大，每天有人找过来，瘫在床上的，梅先生都有办法让他站起来。我看梅先生在里间给病人推拿，以为要等这些人全都推拿好，才轮到我们。不知道有些是陪家属的，有些是没事过来聊天的。梅先生得了空，看过母亲的X光片子，笑着说，呒不啥，推个三次四次也就差不多了。

我以为梅先生说大话。第三次去，路上母亲说，反正推了也没用，这次推好就不去了。那天人少，屋里冷冷清清的，擅长打岔开玩笑的不在，梅先生有点寂寞。看到桌上有只摆件，我没话找话，问是不是红木的。梅先生斜睨一眼，说黄花梨的，一副不以为然的样子。我以为话不对路，不说了，梅先生倒从腰间拉出一块玉，要我看看怎么样。又说玉除了看质地，就看雕工，玉不琢不成器嘛。那一阵我刚好跟着写诗、收藏玉器数十年的汉江老师逛过两次玉器市场，随口说这是带皮的和田籽料吧，竟然蒙对了。梅先生一高兴，先从脖子里拉出一块，又从两边的口袋里拿出几块，且一块比一块大，一块比一块好，其中有块青玉尤其古朴润泽，应该是件稀罕之物。我看得目瞪口呆，问，梅先生你到底戴了几块玉呀？梅先生笑一笑说，没有七块也有八块吧！一个看客插嘴说，梅先生把赚来的钱都买了玉了。梅先生笑一笑说，钱要来有什么用？吃，不过一天三顿，也吃不下五顿六顿呀。穿，不过一身；睡，不过一床。钱多了有什么用！

梅先生练过气功，讲起话来，中气实足，满屋子响着铜钟一般。说着说着，忽然指指我说，想不到你也是个"大好佬"呀！

在本地方言里这可不是个好词。不知道是不是在说我夸夸其谈。我看上去也真是不像拿得出玉的人。再说下去，就我那点存货马上就要兜底露馅了，趁着有人进来，溜到梅先生家的后院。

我从小喜欢后院。前院是给别人看的，整洁，光鲜，总有点假模假样，装腔作势。后院才是自家的，破碗破锅，破罐子破草帽，不想扔，懒得扔，不愿意叫别人看见的东西，最后全都扔在了后院里。以前外婆家的后院就是这样的。

梅先生家的后院比我想的大许多。空荡荡的，只在一侧的廊檐下堆了四只金黄的大水缸，每只都有半人高。这种缸是过去有钱人家才有的，储水，养金鱼，养荷花。梅先生的这四只缸里也养了荷花，只是天冷了，只有一个缸里还有几片荷叶，另外几只缸里的已经枯萎了，瑟缩成褐色的一团。

母亲在门口叫我，她推拿好了。我忙着出去，付了钱，带着母亲走了。

推拿的效果，过了月余缓慢地显露出来。母亲的颈椎明显没有那么痛了，手也可以抬起来了，之后连着好几年都没有再发作过。

某一年，省作协有活动来海宁，坐着大巴在市内转了半天，忽然来到这条老街上。听了介绍，才知道这里就是横头街。有人笑我海宁人不知道海宁的路。"路牌上写的就是东山南路嘛！"我替自己辩护。

在北京学习，听到一句话，叫"先有潭柘寺，后有北京城"。关于横头街，也有一句话，叫"先有横头街，后有硖石镇"。

大概，一个地方的兴盛，都有最初的渊源。我们只以为先有龙，才有睛，可是对有些地方来说，恰好是先有睛，再有龙。

只是，"先有横头街"这句话的出处，谁也说不清楚。

可能这条街较早就有居民集聚，也可能是因为这里位于杭州府和嘉兴府的交界之处，又是水陆要道，方便航运，曾是江浙一带大米的集散地之一。街上米行林立，走几步就有一家，"太平天国"之后，最鼎盛的时候有十六家之多。河上船来船往，交易繁忙，除了米行，整条街还汇集了染坊、打铁店、银匠店、药店等百余家店铺。原来是上下岸对街的格局，1978年后拆除了下岸的房子，青石板路面也拆除了，改建成混凝土路面，便是今天的东山南路。

过去商贾云集人来人往的老街，现在冷清而萧条，算得上历史老建筑的似乎只有两处，一处是晋丰米栈，据说内有建于清代的砖雕门楼，上下五层，匾上刻有篆书，雕刻细致，可惜不对外开放，门常年关着；还有一处是史东山故居，和梅先生的诊所近在咫尺。整条街走下来，唯一可以进去一探究竟的，便是这幢修缮过的旧宅了。

我以前只知道史东山是电影导演，拍过《八千里路云和月》。其实他拍的电影，我看过的也就是这一部。那时年纪太小，要不是父亲每遇朋友，总要聊起这部电影，聊起白杨和陶金，一次又一次，赞不绝口，我大概也不会记住片名。年岁越往上，越觉得片名好听。无论是"八千里路"，还是"云和月"，都让人觉得悲壮、渺茫而不可触摸。所谓的理想可不就是这样的吗？

某天，电视里重播经典老电影，退休在家多年的父亲看了一会儿，突然对我说："史东山还是你们海宁人呢。"

"哦，是吗？"海宁还出过一个导演，我竟然不知道。

"海宁我最敬佩两个人，一个是宋云彬，这个人是不得了，临死前七年没有说过话；还有一个就是史东山。他是怎么死的，到现在还是一个谜。"父亲又说。

当时手里正好有一本《影响中国的海宁人》，回到家，第一件事就是去翻宋云彬，然后是史东山。

直觉告诉我，能让父亲敬佩的人，大概总脱不了正直，有气节，敢说，而且敢做吧。

书上说史东山原名叫匡韶，因为怀念家乡的东山——其实就是喜欢东山——才改名东山的，1902年出生在杭州，家贫，十六岁就外出谋生了。先是在上海影戏公司当美工师，之后又进了联华影业公司，1924年开始担任导演，那时他还只有二十二岁。

除了《八千里路云和月》，史东山最有名的电影，是1951年编导的《新儿女英雄传》，在第六届卡罗维·发利国际电影节上获"导演特别荣誉奖"，成为中国在国际影坛获导演奖第一人。

走进故居临街的平房，屋中央立着"史东山遗训"。

"艺术的教育性和艺术的艺术性必须求得其统一，这样才能完成较优美的作品，否则，不失之枯燥，便失之肤浅和空洞。"

"不要让反科学的'大概、或者、也许是、我想、恐怕、差不多'侵蚀了民族的肌体。"

穿过平房和天井，青石板路连接着一幢两层的小楼，两进，三开间，木结构。楼下陈列着史东山不同时期的照片及旧物。

少年时期，联华影业公司时期，上海影戏公司时期，新婚，得奖，书信往来……青涩有时，神采飞扬有时，凝神思索有时。

沉默地看过去，边上有人慨叹："只活了五十二岁，死得也太早了！"

是太早了。1955年，距离得奖只有四年。死因是什么呢？陈列室看似详尽的文字介绍里无一字涉及。

"病逝"、"意外"，还是藏着更深的隐衷避而不谈？

父亲所说的谜，我也一样好奇。

翻了一些本地的史料旧文，只知道这幢房子因为无人居住空关过许多年，2002年，海宁纪念史东山一百周年诞辰时，时年九十三岁的史东山夫人华旦妮来老街寻访丈夫的故居，虽然没有找到，但是寻找"史宅"的消息传开后，引来不少人的关注和协助，最终找到了这座无主的"史宅"。

故居是开放了，然而史东山的死因直到今天仍有不同的版本。

《影响中国的海宁人》里提到的就有：

> 一、积劳成疾，因病而逝；二、1955年，在批判胡风的运动中离世而去；三、因为政治运动不正常死亡；四、牺牲于"文革"的前夕，用自己的手结束自己的生命；五、自杀身亡。

这些说法各有出处，作者赵福莲以为归纳起来只有一条：就是死于1955年的批判胡风运动中，要他"检讨自己，检举胡风"，而他坚决不从，以死抗争！所以到了"文化大革命"期间,他仍难逃"毁墓之运"。

当时史东山逝世已十四年,人已无存,却被打成"资产阶级反动权威",继而衍生出"史东山是胡风分子""勒令家属将史东山遗体清除出八宝山公墓"等大字报,墓地也被捣毁。

时间在悄然中已经填补了六十多年来的平与不平。1995年,逝世四十年后,史东山仍被评选为中国电影一百年来十六位"最佳电影导演艺术家"之一,获得"中国电影世纪奖"。距离史东山百年诞辰又过去了十七年。今天走进故居,对他的死稍有了解的人,看过他的生平,还能感受到他"不诬人,也不自诬,以死抗争"的刚烈吗?

出乎意料的是,我以为喜欢玩笑和戏谑的梅先生也是刚烈的。

最近一次途经老街,又看到那棵栽在门口的葡萄藤,也看到屋里隐隐有一个背影,正朝里面走进去。

是梅先生吗?他怎么还住在这里?要知道老街上的人基本已经搬迁完了。沿街所看到的人家俱是门庭寂然,不见人影。

我很想进去问候一声,然而,稍一犹豫,车子继续往前,驶离了老街。

心里到底存了一个疑问。没想到,答案来得也快。过了几天,外出开会,正好听见有人说起——像是特意说给我听的——现在老街就只有梅先生一个人了,到现在也不肯搬,怎么都谈不下来。这似乎就是老街到现在没有动工改造的原因。

真的是这样吗?

我不知说什么好。眼前浮起那四只金黄色的大缸,同时也浮起入夜后的幽暗景象。到了晚上,这条只有一个人居住的老街只怕更加寂静,那些代表着有人居住的细碎声响,脚步声,细语声,水的滴答声,一概已经消失,再也不会有了。

现在的市区,哪条改造过的老街都不缺仿古建筑,不缺饭馆、咖啡馆、酒吧这种供人消遣的场所。老街兴盛的时候,充斥其中的不也是类似的铺子?那么,走进一条过于新的老街,又为什么总好像失去了什么?

是因为我和意大利建筑设计师(Vincenzo De Cotiis)一样,喜欢时间的痕迹,不喜欢表面平滑光亮的东西?赞同"时间的侵蚀让一切与众不同"?

所以,时间才是一条老街真正的主人。

无论如何,都只剩自己了,还不肯搬走。我没有想到梅先生在这件事上这么刚烈。

我也不免替梅先生担心,他到底能坚持到什么时候呢?

在修与不修之间,老街的景况就是这么让人尴尬。

补记

这篇回忆老街的文字刚写好两天,忽然在微信上看到一则新闻:"正式动工!海宁中丝三厂、横头街将大变身……"这是迟早的,也不意外。然而,看到宣布"横头街历史文化街区项目一期修缮工程"开工的照片,忍不住想起梅先生和梅先生家后院的四只大缸。他终于还是同意搬走了?这次修缮的位置在横头街东侧,而梅先生家在横头街西侧,也可能并不会涉及梅先生。

然而,梅先生能坚持多久呢?

人的一生,本来就是在一次次变动中度过的。

除了看着变动发生,我们什么都做不了。

然后接受。

然后淡然。

花市灯如昼

几年没有联系的无奇,忽然发短信来,说辞了工作,在南关厢盘了一家咖啡馆,也卖茶,叫我有空过去喝茶聊天。

啊,是吗?我为无奇高兴。他是陕西人,走了很多地方才在海宁安稳下来,实在不容易。在老街开咖啡馆,很多年前我也梦想过。然而想到要为咖啡馆付出的精力,我就退缩了。

怎么说,我也不是开咖啡馆的料。这两年,我连咖啡馆也不去了。聚起来喝咖啡的朋友已经渐少渐无,自己想喝咖啡,在家里就行。

去南关厢,好像只是为了在老街走走,看看花灯了。

市区也就是硖石老镇区的四端原有四个城楼,以方位命名,分别是东关厢、南关厢、西关厢和北关厢。

志书记载,这四座关厢建于崇祯年间,也就是1628年到1645年间,明末抗清义士周宗彝为保卫乡里的安宁倡议修建的。

周宗彝号青萝,是汉绛侯周勃的后裔(不查古书我还真不知道)。周勃随从刘邦东征西战立过不少战功,是西汉有名的大将军。宋朝南渡时,其先祖周漙也由济南迁至临安。德祐年间元兵攻打临安,周漙的七世孙在巷战中阵亡,转至海宁的洛塘里隐居。到了周宗彝出生时,周氏一族是此地的一个大家族。

周宗彝从小聪明过人,三十四岁考中举人,四十岁赴京会试,本来首场已中,因为母亲病重返回家中。此后就在家里读书,把一柄铁如意练得精通纯熟,作为兵器时常带在身边。周宗彝疾恶如仇,又常接济贫民灾民。明末匪徒多次抢掠硖石,镇上的居民人心惶惶,他亲自勘察险要的地段,建议修筑关厢防御,撰写《修备纪略》。在他的倡议下,全镇有一百九十六户响应,捐献黄金一千两,除了四座关厢,还建了六座水栅,三十五座更楼旱栅,历时半年竣工,设人看守,早晚以西寺钟响开关、闭关。

顺治二年(1645),清兵攻陷硖石,周宗彝力战至死,其弟在上东街被刺肠子流出,纳肠再战,后被杀。兵败后,合家四十八人不愿受辱,投水而死。投水地后来被称为青萝池。周宗彝的"铁如意"后来由书法大家张宗祥先生收藏。

硖石的这四座关厢,《硖川续志》有详细的叙述。

南关厢:"西南湖一座,在大姚桥外。(嘉庆十三年重修)"大姚桥也称大瑶桥。

北关厢:"崇慧寺前两座,夹崇慧桥东西。(嘉庆十年重修)"崇慧寺俗称北寺,原址在建设路原教育局内,今高阳桥西堍有北寺弄。

东关厢:"下东街一座,在费坟前。"费墓墓道牌坊今尚存,阳面刻"明进士澹山费公墓道",阴面刻"砂门秀水",是硖石镇唯一保存至今的地面明代遗物,根据它的位置,可确定东关厢所在位置。

西关厢:"衙西一座,在太平坊。(嘉庆十八年里人重建)"

关厢的设置,曾给乱世中的硖石带来平静和安宁。

只是,四厢中有三厢已经消失,仅存的南关厢坐落在南关厢街的中段,三间两层,屋顶为歇山顶,跨街的明间墙面起券,券上开三个望孔。民国十四年,即1925年,因硖石迎灯,大灯过不了关厢的拱门,不得已将拱券加高,屋顶也随之加高,这才有了俯瞰之势。

南关厢街区过去古迹颇多,南北长约三百五十米,东西宽约五十米,一直保留着商住合一、前店后河的格局。河与街道平行走向,是当年米市的主要水运渠道。

据说,在北伐前,南关厢乡货米业最盛时,每天有航船百余条。应顾客的需求,茶店、饮食店、杂货店等商铺也相继开设,是本镇的商业重地。

街区依河而建,房屋以东西朝向并以二层为主,建造年代大多为清代至民国。其中临河一面的建筑以两进院落为主,街道内侧的房屋以多进院落为主,最深院落多达六进。出于"富不外显"的习惯思路，一般第一进为店面，只有简简单单的排门，后面几进的雕刻就要精美考究很多。如南关厢5号、南关厢39号，都是这样的院落式建筑。

文史学家吴其昌、红学家吴世昌便出生于这条街。

吴其昌先生在《志摩在故乡》中自述"……我们住在大瑶桥，他们住在中宁巷，两家的老厅，一样的旧，一样的黑，一样的古老，一样的'马头墙''四开柱''砺壳窗'，一样的经过'长毛'而没有毁。'地坪砖'照例是破碎了，听说是因为'长毛'屯军时候的劈柴。厅前的'天井'，规矩是扁长的，两边不是两株桂花，就是紫荆……"

"九一八"事变时，沪杭师生四五万人涌向南京请愿，受阻于下关。当时担任清华大学讲师的吴其昌与夫人、弟弟吴世昌南下，投书蒋介石要求收复失地，因未能满足心愿，谒中山陵哭灵，通电绝食，要求抗日，朝野震动。

吴家兄弟俩的故居位于南关厢街125号，街区改造前，我特意去找过。然而门关着，窗棂腐朽，窗上的玻璃是碎的，一副空关多年的样子。

不只是吴家兄弟俩的故居，空关的房屋还有不少。

有几间干脆敞着门,遍地都是弃物,几乎无从下脚。只有天井里的树是怡然的,兀自在风中摇曳,于世事不管不问。漫长的岁月里,为了多一尺蔽身之地,草草搭就的房屋如蔓生的瘤结模糊了房子原有的格局,只有花纹细致的栏杆、牛腿还能看到这些房屋曾经的精美。

2009年,我换了单位,时间多了,听说南关厢街要改造了,又去走了走。还是春日里,天很好,太阳照在石板街上。两边房门紧闭,贴着封条。读着墙上的字,倒也能分辨哪间是弹丝棉的作坊,哪里进去是磨刀剪的,哪间又是卖油盐酱醋的小店。更多的只是平常的住家,墙上的电表尘垢满面已经停止,不再往前转动。连巷口的古樟也好像是静止的,据说有三百年树龄,清顺治年间种下,其实已于嘉庆二年(1797)火毁,现在的树是火毁后根部重新生出,也有一百五十多年了。

过了一年,听说东关厢的老街也要拆除了。我从干河街的尽头沿赵家漾路向北走不多远,远远望去,又见一片废墟。从光明路一侧的围墙缺口进去,除了碎砖烂瓦,长满了一小簇一小簇的油菜和玉米。过去隐藏在46号民居之内的明费坟的牌坊,孤零零地傍着一小片砖墙。云纹和灵兽浮雕中,"明进士澹山费公墓道"几字清晰可辨。我在史志上找到费坟的照片,东侧的立柱嵌入民宅内，借用为房柱，西侧立柱有半截露在民宅的墙面之外，经年累月中染得满身烟火。既然墓道在这儿，推测费澹的墓应该就在牌坊附近，不知为什么却无迹可寻。至于费坟的主人，除了是明代海盐人，死后葬于东山之麓，也没有找到更多的记载。

那天我拍下了东关厢57号和59号两间旧居，其中一间是理发店，仍在开门营业，电风扇、电吹风发出嗡嗡的声响。

让我伤感的是建造这些房子所代表的时代的结束。

一切逝去之物都不再复返。

南关厢刚改造好，我急着去看，为房子形状如出一辙，漆色如出一辙，为屋檐、门窗像刀砍斧削一般整齐大感失望。

"这不是一条活的街。"我告诉走在边上的家人，心里有一股不可遏制的怒火和悲哀。旧城改造也好，有机更新也好，哪一次不是这样呢？

停了片刻，因为想起木心回到五十年没有回来过的故乡乌镇所说的那句："这是死，死街，要构成这样肃穆阴森的氛围是不容易的……是一条荒诞的非人间的街。"而我又想不出更好的话，只好说了句一样的话："这是一条死的街。"

就像为了证实这不是一句心血来潮没有根据的话，前面忽然走来一个老太，边走边对熟人抱怨：没有邻居了，都开店了；一个邻居都没有了哇，都开店了……

她说了那么多遍，不怕烦的，说了一遍又一遍。走远了，这句话还像被敲响的石磬，一声一声在那儿还魂似的响着。

那天的情景是那么深刻。有段时间，我一点不怀疑这就是一条死街，除了那些被旅游大巴拉过来的人，没有人会来这里。

然而，几年过去，这里已经成了市内人气汇聚的地方。当年的死街，似乎已经在绿萝、铜钱草的装饰下，在玻璃橱窗，在灯，在茶具、茶食、酸奶、油炸臭豆腐的各色味道里活了过来。特别是河对岸又新修了一条老街——会源街之后，两座桥把两条街串联了起来。散步的人尽可以去茶食店看看，去书店翻翻书，也可以什么店都不进去，只是沿着河兜上一圈。晚上，岸上的灯光投到河面上，交织出一片晃动的光影，梦幻而古老。

某天，看到子康老师发在朋友圈的一条微信："暴雨中的南关厢。附近的朋友可赶紧一往。人生之福处处有，今已得二福：南关厢雨趣，美味松松方糕。"

照片上的南关厢，沉郁，阴暗，寂静，仿佛在暴雨中突然恢复了本来面目。这正是子康老师冒雨前往想要看到的景象吧?

不过,愿意冒着大雨去感受雨趣的人想来少之又少。大概也不会有人再想起血战的惨烈。想起明代,想起周宗彝和他投青萝池而死的家人们。

今天走在这条街上,我能想到的,不过是花市灯如昼,不过是人很多,咖啡很香。

从此我想隐居起来

1

有一年,到上海会庄老师,晚饭后她带我去滨江大道散步,聊着天,一直走到世纪大钟跟前。钟是青铜铸的,看上去总有好几吨重,上面刻着一百多所高校的校名。

我们在幽暗中辨认着:北师大、港大、浙大、同济……

忽然走来两个人,和我们一样绕着钟走了一圈,伸手去敲钟,居然把钟敲响了。

我好奇起来:"怎么敲响的啊?"

"很简单的,你看我。"其中一人把手握成空拳,侧过去又敲了一下。声音轻轻盈盈,传得很远。我想都能越过黄浦江的江面,传到江的那一边去。

还有一人用的是另外的方法,直接用手掌拍。

这也行吗？学他们的样子试了一下，钟果然响了！喜不自禁，再问，一个从台湾来，一个从香港来，都是去复旦参加学术会议的。我说我在浙江，浙江海宁，问他们听说过吗？

他们笑着说："知道知道，诗人徐志摩的故乡嘛！"

2

是因为徐志摩的诗名实在太大？

因为他那些诗句？因为他对"爱、美、自由"的单纯信仰太深得人心，还是一生和张幼仪、林徽因、陆小曼纠结不清的传闻？

喜欢他的，倾慕他做人真实，就像沈从文说的那样，"不拘迂，不俗气，不小气，不势利"。也有人始终不肯谅解他的离婚和第二次结婚，不能理解这个要做反传统勇士的人，怎么会一边追求林徽因，一边又让来英国陪读的妻子张幼仪怀孕的。

那年他也才二十四岁。这消息对他来说如同枷锁上身，先是叫张幼仪去医院打胎，张幼仪不同意，也不愿意，他就不告而别，剩下她一人，独在异乡，又怀着孕，窘迫中不得不向巴黎的二哥求助，在二哥的朋友家寄住到临产前。后来她二哥去德国了，考虑到不能在别人家里分娩，她也去了德国，生下第二个儿子，英文名彼得，中国名德生。

他们在柏林离婚时，小彼得刚出世。离婚协议签好，他去探望，隔着玻璃远远看了一眼小彼得也觉得可爱，但是此后就没有再看过他，也绝口不提怎么养他的问题。时隔两三年，他再去柏林，大概也以为会看见小彼得，却不知道小彼得因为急性腹膜炎一周前刚刚去世，离三岁生日还有一个月。小彼得活着的时候，他没有抱过一次，等到手捧存放骨灰的锡瓶，他的父爱忽然被唤醒了，写了一篇长长的悼文《我的彼得》，述说对这个孩子的爱，反思自己"自分不是无情，不是寡恩，为什么对自身的血肉，反是这般不近情的冷漠"？

可是早些时候，他的恩师梁启超写信以"天下岂有圆满之宇宙"劝他不要离婚，他回复的是："我之甘冒世之不韪……实求良心之安顿，求人格之确立，求灵魂之救度耳。"并在信里留下"我将于茫茫人海中访我唯一灵魂之伴侣；得之，我幸；不得，我命"的名言。离婚就离婚吧，还要写一首诗给张幼仪，以"此去清风白日，自由道风景好。听身后一片声欢，争道解散了结儿，消除了烦恼"诚挚地表达重获自由的欣喜。和这首诗一起发表在《新浙江报》副刊上的，还有同样充满诚挚的《徐志摩张幼仪离婚通告》。

怎么才能让反感他的人改变看法，明白他实在不是无情，不是寡恩，而是天性如此？如他告诉朋友狄更生的话："我不喜欢歌德的恋爱观，因为他常常在热恋的时候，悄悄溜走。我喜欢雪莱，他爱得深，爱得火热。"

他就是这么一个感情丰富的人。雪后的早晨，看见一个妇人坐在台阶上伤心地哭，告诉他昨晚梦见亡儿，喊妈，喊冷，今天果然下雪了，买了几张油纸盖在坟上，他也跟着一起哭。哭过了，写一首《盖上几张油纸》。

他从父亲的酱园里拿了白酒，包上一包肉，邀戏台下的乞丐们一起喝，还说："你们不要看我有吃有穿，其实我同你们一样，也是一个乞丐，我向人间乞讨同情，我向人们乞讨温暖，我是个精神上的乞丐。"

他整天想的是怎么像只云雀，飞出这圈子，到云端去。认为只要是人，就没有不想飞的。凌空去看一个明白，才是做人的趣味，做人的权威，做人的交代。

他要的是打破我执的偏见，国界的偏见，解脱怨毒的束缚，他要的是实现思想的自由。虽然听从家里的安排结了婚，不合他心意的包办婚姻是一定要打破的。他当老师，有时就在校园的河畔、林下给学生上课，认为人只有在活泼自由的境界里，才能发挥出才智的最大能量。

就在失去小彼得这一年，他去过柏林，又去了意大利，去了欧洲各地。一路上都在祭拜，在莫斯科祭拜契诃夫；在枫丹白露祭拜曼殊斐儿；在巴黎祭拜伏尔泰、卢梭、雨果、波德莱尔；在佛罗伦萨祭拜米开朗琪罗、美第奇家族。不止如此，"每过不知名的墓园也往往进去流连，那时情绪不定是伤悲，不定是感触，有风听风，在块块的墓碑间且自徘徊，等到斜阳淡了再计较回家"。

这些人所以是他心目中的英雄，因为他们"负责的对象不是人间或人为的什么，而是一切事物的永恒"。

他是"不要天，不要地，只要一个无限大的空间的"。后来的张幼仪想来也是明白了这一点，才能和他成为朋友；照顾好他的父母；得知他坠机去世，陆小曼不肯接受死讯，把报信的人关在门外，也是她冷静地派长子去济南接回尸骨。

遗骸先是从出事地点运到济南城郊的福缘庵，入殓按照传统给他戴了黑绸瓜皮帽，穿上深蓝色绸袍，外罩黑纱马褂，脚上是一双粉底黑色云头如意寿字鞋。这实在不合他的心意吧，可也只能寂寂而无奈地躺在房间一角。

三天后,灵柩运到上海,停放在万国殡仪馆。陆小曼来了觉得不满,想给他换上西装,可是一向好说话的张幼仪这次拒绝了。拒绝的理由说法不一,因为遗体实在经不起重殓的折腾了?因为徐志摩的父亲断然不同意儿子穿西装下葬?最终徐志摩还是服从祖制,穿着长衫告别了人间。

次年(1932)春天,灵柩运回硖石,葬在东山的万石窝。坟墓是一只巨大的石棺,胡适在石壁上题写了:诗人徐志摩之墓。

又过一年,清明,陆小曼到硖石扫墓,写下:年来更识荒寒味,写到湖山总寂寥。

3

嘉兴的几个朋友,草白、简儿、四月来,市区略微一转,就把她们带去了西山。山里黑得早,转到徐志摩墓地,太阳斜照过去,已经有点暮色苍苍了。

那时的我们聚在一起总有很多话可谈,八卦八卦某个人某件事,即使在暮色中的墓地,也没有感到多大的悲伤。

墓两侧有两本石雕的书,一本刻着:"轻轻的我走了,正如我轻轻的来。我轻轻地招手,作别西天的云彩。"一本刻着:"我是天空里的一片云,偶尔投影在你的波心。你不必讶异,更无须欢喜,在转瞬间消灭了踪影。"

我本来已经看过好多次了,看她们围上去,很久不走开,凑热闹,也跟了过去,还在其中一本石书前拍了合影。

我喜欢徐志摩的诗吗?好像也说不上。不过,这两句我是喜欢的。

在这个地方读到这两句诗,总给人特别的感觉。好像比别处更能体会到什么是"轻轻的我走了",什么是"转瞬间消灭了踪影"。

有多少人知道呢?这座墓只是一个衣冠冢,纪念墓,1983年才修起来。里面只有一本诗人的年谱,一块刻了字的石头。

诗人当年落葬的墓早在1966年已经被毁掉了。石棺、1946年书法家张宗祥题写的墓碑,被炸断炸开。棺木和尸骨也拖出来,四散后无存。

所以,诗人的尸骨回故乡安眠三十四年后,又在故乡"消灭了踪影"。

诗人的墓里没有尸骨,他的儿子德生的墓里也是没有尸骨的。德生，也就是小彼得，是在德国去世的，据说骨灰带回硖石后，由徐志摩的父亲徐申如殓入一个红木盒子，葬于西山。不知道是不是有人以为里面有陪葬品，下葬不久就被盗走了。

1998年，因为西山改造，徐家后人把德生的墓迁到了诗人之墓的右侧。

现在，在墓地和诗人相守的也只有德生，他的小儿子，一座小小的坟。和他们活着无缘聚在一起一样，死后也是尸骨两散，不知所终，只余两座空坟偎依做伴。

4

有一阵，我写不出东西，和庄老师聊天，庄老师说：你去徐志摩的墓地看看呀。我们去凤凰，田耳不是说他经常去沈从义的墓地看看，还给沈从文献花呢。

庄老师的话一向超验而精准，可这一次，我听了，心下并不信服看了诗人的墓就能写出东西来。

不过，去西山，沿半山腰的步道走着走着，总会看到那新月状的墓台。一大一小两座墓前，时常会有几束敬献给父子俩的花。

有时想，都走到这里了，下去看一看吧。

也有时想，前些天刚去过，今天不去了吧。然后，继续往前。

忽然有一天，发现步道上有个"神"字，正好在墓的斜上方。

这座山上的步道，每一条我都来来回回走过不知道多少遍，还没看到哪儿有这么一个"神"字。

这是偶然的吗？虽然也无需多想，只是巧合而已，可是有同学从外地来，拜过诗人的墓，我忍不住把他们带到"神"字这儿，好像这个字和斜下方的墓地以及逝去八十多年的诗人有着非同一般的联系。好像"神"字在这儿，本身就是一种"神"意。

一个人走过，总要留心看一眼。有时想着什么，人已经走了过去，发现字漏掉了，还会再走回去找。

就像得了强迫症，不要说别人，自己也觉得不可思议。

几年时间散散漫漫地过去，忽然又有一天，"神"字不见了，我以为眼睛出了问题，低了头，来来回回找了几遍，隐隐发现新鲜的水泥填缝，正好边上有个清洁工在扫地上的落叶，就走上去问。清洁工告诉我这两天是有人修过路，裂开的地方都补过了。我谢过他，就像受了很大的打击，一边愤怒地想着这是什么人啊，又不影响走路，干吗要刷掉啊！一边仔细再找，发现"神"

字的确葬身灰浆之下,消灭了踪影。

修路者不知"神"字有神,毁墓者不知骨骸无魂。

"神"字终究不是"神"意。

虽然来山上锻炼的人每天都很多,沿着步道走到墓台那一段,仍觉得格外寂静,格外安详。

读过那篇《我的彼得》,好多年里,诗与现实的反差让我感到恐惧。不能接受诗人不愿意抱一抱活着的儿子,宁愿在他死后,去写一篇煽情的悼文。

可是,2015年清明过去不久,得到一套新出的《徐志摩全集》,随手翻开一页,读到"我不曾投降这世界。我不受它的拘束"。换一页,读到"光阴带走的往迹,再也不容追赎,留下在我们心头的只是些揶揄的鬼影……"又觉得,徐志摩这个人,果然很真实啊。他不爱那个刚出生的儿子出于他的真实,写那篇悼文也出于他的真实。他只是在选择自由的路上,不由自主要扯下一些牵绊住他的人与物,扯下是出于天性,重新拾起,也出于天性。他的心里永远有一个理想的影子,在吸引他追赶上去。所以他的学生赵家璧会说,躺在棺木中的哪里是他呢?他只是掷下了人身的皮囊,飞出这个圈子,"飞远,更远,化入远山,化作烟"了。

和他纠结过的三个女人,也各得其所。

林徽因病逝后葬于八宝山,墓碑是林徽因的丈夫梁思成亲自设计的,碑上题着"建筑师林徽因墓",下方的汉白玉浮雕图案花纹精美,出自她设计的人民英雄纪念碑底座的浮雕样品。

陆小曼临终前托付友人,想与徐志摩合葬,然而遭徐家拒绝,死后骨灰无人认领,以至失踪,由堂侄在苏州东山建了一座纪念墓,世间又多一座空坟。

张幼仪晚年再婚,嫁给一位姓苏的医生,去世后,安葬在纽约上州的芬克里夫公墓,和宋美龄、顾维钧同在一个室内墓园,碑上的名字是"苏张幼仪"。她晚年总说最爱徐志摩的应该是她,料理徐志摩的后事,照顾徐志摩的父母,养大徐志摩的儿子,周济徐志摩的遗孀,她都做到了,然而一个"苏"字,忽如一道厚墙,筑在她与徐家的一切恩怨之间。

徐志摩和陆小曼结婚后,曾给张幼仪写信,"从此我想隐居起来,硖石至少有蟹和红叶,足以助诗兴,更不慕人间矣"!徐志摩在书信中谈到回家和隐居,似乎就这一次。我不觉得看了诗人的墓就能写出东西来了,却不由自主总会在墓前的树下站一会儿,和墓对望一会儿,猜想诗人此刻云游在哪里,停在哪一片云上,哪一枝树梢上。

海塘，海

小时候最高兴的就是坐在大人的自行车后面，一路摇摇晃晃，听着轮胎碾在沙石上发出咯咯拉拉的声音，去尖山海塘野一野。

父亲从安徽上班的地方回来了，也喜欢找个好天，带上我过去漫游一趟。

海塘和海完全不是一个概念。海塘没有沙滩，涨上来的虽然也算海水，却浑浊得像黄泥浆，找不出一丝海水的蓝。可是海塘沾了一个海字，听上去就是觉得很不一样。从自行车上跳下来，透过一蓬蓬的蒿草，望着远处平平直直的黄线，虽然有点失望，在屋子里待久了，突然被放生出来的感觉还是让我不管不顾地跑在前面。父亲更喜欢落在后面，被他自己的思绪拖住了似的，抽着烟，越走越慢。

海塘边没有路，只要能下脚，怎么走都行。想冒一下险,就往蒿草多的地方钻,一边走,一边挥手拂开挡路的草叶。那些带锯刺的草叶可是很锋利的,不小心能在脸上手上划个大口子。四周静静的,除了草叶的唰唰声,听不到一点别的声音。偶尔抬头看一眼天,不管有没有云,想象中天地的尽头也就是这样了。

走不了多久,出蒿草地,来到一片荒凉的泥滩前。这就是海塘了。海宁的海塘有五十多公里长,老盐仓一段,盐官一段,丁桥一段,塘基、塘身各有各的造法,每段都不太一样。尖山这段已经靠近出海口,海面(或者应该说江面)宽阔,就算天气好的时候也看不见对岸。它也没有盐官那种海上长城一般壮观的鱼鳞石塘,眼望之处,不过是些随性倒落的乱石。

和我们这些总处在焦躁中,什么都想玩又不知玩什么好的小孩子比起来,大人们气定神闲得多。只要跟着他们七拐八弯,最后总会走上一条三面临水的堤坝,一座小石塔立在堤坝的尽头,静静地等着我们。

那时好像都不知道石塔的名字,没人关心它叫什么,笼统地把这段海塘称作塔山塘。

只要去海塘,必定要去石塔那儿。就像去西湖总要看保俶塔,看三潭印月。

越靠近塔,越不好走,得爬过被潮水拍打得奇形怪状的巨石，像梅花桩一样扎在水底的塘基。要是潮水已经涨了上来，还得挽起裤腿，从水里蹚过去，才能登上塔所在的小土山。

几棵树众星拱月似的把塔包围在其中。很多年后，我在书中所附的照片上看到这座塔，从风化的石面上辨认出"永庆安澜"这几个字。在海宁的史书上，它的名字就叫"安澜塔"。关于它的介绍很是简单：小型仿木结构实心石塔，六面，残高六层，高约六米，须弥座基石，始建年代不明。一说"乾隆五年尖山坝工告竣，由此，塔至少建于1740年前"；一说"致和元年（1328）盐官州海堤崩，遣使祷祀，造浮屠二百十六，用西僧法压之"。可以确定的是民国四年（1915）重修过，塔身第二层有铭文可考。

到我看到它，又历经六七十年，仍复归为一座残塔，完成垒石为祭的使命，在时间的流逝中成了遗物。没人觉得它镇得了海，也不相信它镇得了海，镇得了海底的神兽还是别的什么。

我们的兴趣只在于它的所在，这是我们能走到的最远的地方了。我们已经站到了地图上的某个尽头。这种感觉让我们无奈（不是吗？已经无路可走了），也让我们兴奋。

涨了潮的江面，被太阳一照，闪出粼粼的波光，恍然有了海的宽阔和空旷。既然看不到青岛那种海，海南那种海，那么这样的海看一看，也是很不错的啊。

然而某天，我还在读小学，忽然听人说下午海塘边枪毙了几个人，好多人都去看了。

我听了大惊，怎么也不肯相信。可是说话的人绘声绘色形容枪响后血飞得怎么高，警察走后，守在边上的家人怎么冲上去收尸，绘声绘色，又让人没法不信。

于是到处问枪毙人的到底是海塘的哪一段？以后我可以避开不往那儿走，却又没人说得清楚。小孩子问那么多，反正，那儿就是枪毙人的地方。荒凉，僻静，潮水一过，一切了无痕迹。

又有一天，忽然风传初中教过我们的某个老师留下遗书去那儿投海自杀，不料隔天尸体漂回，搁浅在海塘边，让人发现了。之后还有几桩谈恋爱被抓的小道消息，传得沸沸扬扬。

很长一段时间，我没有再去。

等到要上班了，拿着学校发的一纸通知去单位报到，忽然发现离塔只有一两公里远。

工作很轻闲，每天只是和仓库里的东西以及一老一少两个保管员打着交道，算算哪辆车领走多少汽油，多少棉纱。

仓库的窗很小,在里面待久了,会觉得气闷,却也没有地方说。

某个下着小雨的中午,一种莫名的心境使然,我又去了。

没有什么变化,还是乱石草丛,像梅花桩一样的塔基。小雨中的江面覆盖着阴云,完全是海的样子。

我在那儿碰到过捕鳗鱼苗的人。坐在旧轮胎上,趁着潮水涨上来,慢慢漂远,变成一个极小的身影,至于怎么撒网怎么捕捞,可就一点都看不见了。

刚捞上来的鳗鱼苗只有两三厘米、三四厘米长,浸在水里透明如无物。像我这种近视眼,要捧到手里才能顺着两个小黑点,也就是鳗鱼的眼睛,发现它的身体。可见捕鳗鱼苗的人非得有一双火眼金睛,才能从浑浊的江水里把它们捞上来。鳗鱼不能人工繁殖,养殖鳗鱼只能靠野生捕捞,售价论条,堪比黄金。早些年,也就是一九八几到一九九几年的时候,每天可以捕几十上百条,塘边有村民靠着这个发家盖起了楼房。不过,这些年已经不太能见到这样的人。唯一碰到的一个,像是舍不得放弃他的技艺才不怕苦地拖着网来到这儿,在我们的追问下笑叹一天只能抓上两三条啊。不只是鳗鱼苗,别的鱼种也在减少、衰竭，几乎已经从江水中断代灭绝了。

除了偶尔一见的捕鱼人，海塘边安静的时候居多。有时也和朋友一起去，待到太阳落山，覆盖上金黄的水面，归来的渔船，兀自随风晃动的野草，总有一种苍茫之感。

如果一个人站在那儿，比起苍茫之感更能让我沉浸其中的是对今后到底会如何的不解之感。当我竭力望向远处的时候，脑子里想到的始终是尚不可及的未来之年。

杉本博司，极度偏爱海的日本摄影家，花了三十年的时间造访世界各地，架起大型相机，拍下海的各种瞬间，将大海的影像作为一种接近古人意识的方法，告诉观看的人：若将时间拉至太古状态，至今不变的唯一存在是那一望无垠的大海。

某年清明过后不久，还是赏花游春的日子，和几个朋友小聚，忽有人提议去海塘，趁着兴致立刻就出发了。

好多年没去，过去必须步行的地段已经有了新修的车道。不仅如此，车可以一直开到堤坝上，下车，塔已近在眼前。除了波光粼粼的水面，塘边略感眼熟的几块巨石，其余一切已似是而非。梅花桩一样的塔基彻底不见了，脚下的堤坝变成笔直的水泥大道。当然，愿意换个眼光看看也不错。四月中旬，还是游春的时节。天气不冷不热，太阳也很好，塘边却起了浓浓一层雾。早年被石料厂凿剩的孤锋矗立在雾中，尽可以把它当成"海上有仙山，山在虚无缥缈中"。一个捕鱼人扛着轮胎在泥滩上踽踽而过，意外入镜，成了照片中的主角。

然而，谁都没想到塔的周边居然围起铁栅，挂上大锁。几个人转来转去，爬不上去，也没有空隙可钻；打电话，人倒是找对了，可是远水解不了近渴。各种招数想过，还是进去不得。

不过，真的，就这么隔着栅栏看看也好。塔和人的生命期数是不一样的，人过十年百年，塔才过去一年十年。塔看我们，已抵挡不住老之将至；而我们看塔，却一如既往。就算不走过去，我也看得到以往对现实永远不能满意的自己，总想知道前面还有什么的自己；看得到父亲在塔下悠然眺望的身影，一路走来，沾在他皮鞋上的泥。

回来的车上再一想，还是遗憾，究竟不能读一读被我忽略而过的"民国四年四月穀旦""永庆安澜"。

那是我童年及少年时代的世界尽头。

这里的长安

1

坐火车去杭州,大概开出半小时,就会经过长安。早先长安有站,不知道哪一年全国铁路大调整,客运停了,只剩货运了。

火车只是经过,也不会慢下来,可我只要感觉到窗外有淡粉色的墙滑过,就知道长安站到了,下意识地贴着车窗往外看,就像有什么在拽着我,直到月台退到后面,房子也看不到了,才把头扭回来坐好。

第一次听人说起长安,我还在读小学,以为是唐朝的长安。后来知道不是,兴趣骤减。

有同学是长安人,因为住得近,有时去她家碰到长安来的亲戚,都很客气地招呼我去长安玩。可是长安有什么呢?除了童谣里的"八仙桥、长柄伞",始终糊里糊涂的。

知道长安有圣女小德勒撒教堂，已经是很后来了。

一个小镇，怎么会有教堂？还是以隐修女为名的天主堂。这让我很好奇。

小德勒撒是法国的修女，去世的时候才二十四岁。从小接受神学教育，又有几个姐姐做榜样，小德勒撒年纪很小就极度渴望侍奉天主。可是当时教会的规定，不到年龄是不能加入教会的。小德勒撒便趁着觐谒教宗，大起胆子祈求教宗破例允许她入会。那时她才十五岁。又等了两年，终于如愿以偿。在修道院的七年，写了一本《灵心小史》，去世后，由会内传到会外，成为法国家喻户晓的经典。1925 年，罗马教宗把她列入圣品，成为天主教的圣女。

以圣女为名的教堂国内不多。上海有一座，在静安区大田路上，1930 年 10 月 3 日圣女殉道日奠基，第二年同日举行开堂典礼。长安的小德勒撒堂是在 1926 年发起捐资，1929 年落成开堂的，比起上海的还早了两年。

选择长安这个地方，大概是因为靠近杭州，方便杭州教区以及桐乡、海宁的部分教民吧。所以，说起来，长安这座教堂确实是全国第一座以"圣女小德勒撒"命名的教堂。总想着什么时候过去看一看，而且长安也不远啊。此后听人说起长安，脑子里总会迅速浮起一座哥特式的尖顶红砖教堂。

2

过了几年,报社的朋友偶尔说起要去长安看看东汉画像石墓。

"长安有东汉画像石墓?"我又好奇起来。

"你不知道啊?你还是海宁人!"朋友不客气地说我,答应去的时候叫上我(也可能他根本没这么说过,是我自以为他答应了)。

等了一阵,在报上读到朋友写的长安札记,才知道他去过了。问怎么不叫我?他笑说来不及了啊,临时决定去的,匆匆忙忙转了一圈就回来了。

虽然没去成,长安有东汉的画像石墓我却因此而知道了。

石墓俗称"三女堆",传说是三国时东吴孙权第三个女儿鲁育公主的墓。早年被盗过,随葬的器物不多,相对于保存下来的跪拜俑、抚琴俑、舞俑,更珍贵的是墓室内的石刻画像,大小共有六十三块,画像五十五幅。

1973年春,海宁中学扩建操场,发现石墓后进行了发掘清理,在墓上加盖了保护房。之后学校一直没有择地重建，石墓也就一直安然存在于海宁中学的校园里。

除了石墓，校园里还留有清代仰山书院的部分建筑。

仰山书院的前身是明洪武八年（1375）建于觉皇寺的义塾。康熙十一年（1672），县令在义塾的旧址上设立了长安书院。再往后，到了嘉庆七年，也就是1802年，长安地方乡绅沈毓荪等人筹建创立了现在的仰山书院。

1905年，朱宝瑨先生受当时的知州委托，在书院创建海宁州中学堂，这也是海宁最早的中学。

从义塾，到长安书院，到仰山书院，再到州中学堂以及现在的海宁中学，时间已经过去了六百多年。

这是一座怎么样的学校啊，有汉墓，有书院，还是始建于唐的觉皇寺的旧址所在，实在想去看一看。

可是，每念及"去一次长安吧"，随即就会想到汉墓是不对外开放的，又在学校里，恐怕不太好进夫吧？去了，又看不到汉墓，不是太遗憾了？"去一次长安"便一年年地耽搁了下来。

3

这样，到了去年春末，某天遇到喜欢文史的老树老师。正聊着,老树老师突然说:"我最近老是想着去一次长安,看看汉墓,你看过吗?"我听了大喜,忙说:"没有啊,一直想去呢。"

老树老师很爽快地说:"那我去的时候,你也一起去吧!"

老树老师是个认真的人,不仅联系好学校,还找了一个有车的朋友。

去长安的路上,我由衷地感谢他,表示这么多年一直没去长安,原来是有原因的。佛教说"因缘",基督教说"有时",可能我就是要这么去吧。

天微阴,有点小雨,到了长安,也就停了。

第一站自然就是汉墓了。保护房的门打开,我微微耳鸣,好像四周充满了不属于今天的声音。

一个玻璃围栏,把墓室的四周围了起来。券顶的汉砖大而方,沉甸甸的,两千多年了,纹路依然清晰精美。

当然,更精美的在墓室里。

老树老师带头,其次是老树老师的朋友,然后是我,三个人悄然无声地顺着幽暗的台阶往下走。

一道石栏把墓室分成前后两室,两边有耳室,想来后室是摆放棺椁的地方,石刻基本集中在前室。车马,鸟纹，树纹，龙纹，形态恭敬谦和的侍者，清晰可辨。

汉人对于神仙世界的向往和道教的修炼方式，在汉墓壁画中有明确的表现。仙人是常见的主题。那些仙人或乘龙，或乘凤，或骑鹤，或驾车或身附两翼，在空中自由遨游。有时在仙人的下面，还用三只小岛来代表道教的理想世界——海外三仙山。

一切帝王贵族所设想的死后世界不过如此：奢豪的物质，如云的仆从。死后和活着一样。

这些线条精确地描绘了行动中的人类，对传说中的动物的描绘更是达到了完美的境界，古朴、遒劲、飘然，而具有野性。生活在今天的我们，除了赞叹，真是什么话都说不出来。

地面的砖块修整过，有几块颜色明显要浅一些，像是落了一层雾蒙蒙的灰白色的阳光，对抗着四壁的阴暗。

这里是最能体会到死的漫长的地方。

两千多年倏忽而过，有死者的漫长做对比，活着的漫长，只能算很短的一刹那。

不在生和死的界限里的，还是壁上这些饱含永生意味的车马、鸟纹、树纹、龙纹。想到只有一次目睹的机会，连漫漶不清处也舍不得落掉，手机和相机并用地拍了很多照片。

离开墓室,老树老师找了块石头,说要坐一下。老树老师的朋友点了根烟,默默抽着。各自出了会儿神,才互相问起仰山书院呢?去仰山书院看看吧。

现在的学生补习班也喜欢自称书院。我家边上就有一家,开了很多年。因为靠近公交站台,本来都看习惯那些放学后被送来这里的小孩了,年前忽然发现关门了。再一看,是搬掉了,门上贴着新的地址电话,因是学生实在太多,只好换个更大更好的地方。

从前的书院是请名士讲学的场所,唐有丽正书院,宋有岳麓书院,明有东林书院,虽然一度遭到贬抑,清代全国各地的书院还是多达几千所。仰山书院经过发展曾占地四千余平方米,用的是步步高升的建筑格局,现在只存桃李门、坐春亭和更上一层楼几处了,就在石墓的东侧。

感觉走了没几步,已经站到台门之下。青灰的底色,砖雕精美,"仰山"两字好像有一种天然的力量,迫使我抬起头去仰视它,迫使我 动不动站了一会儿,才走上台阶。

坐春亭的一个檐角以一种优美而不羁的姿态从台门后飞翘出来,让我想起江西抚州的牡丹亭,也是静美中暗藏着飞扬之势。边上两层三开间的房子就是更上一层楼,楼上有陈列室,门窗紧闭,看不见什么。下楼下到一半,发现有一方小小的平台,斜对着坐春亭的屋顶。其实屋顶上只有稀疏几棵瓦松,可是瓦片上仍留有旧日气息似的,让三个人不约而同停下来望了几眼。

原主建筑崇雅堂的遗址前建了"朱宝瑨先生纪念碑",老树老师很有兴致地谈起当时最早一批受聘的教员,有来新夏先生的父亲来雨生,当时刚从国外回来,放弃别处优厚的条件,应邀来海宁执教;同时期执教的还有嘉兴的钱玄同,后来任北大中文系主任;王国维的弟弟王国华,毕业于上海圣约翰大学。个个知识渊博,学养惊人。

正说着,教学楼传来下课的铃声,一群学生涌出来,从书院门口走过。每天从汉墓和书院间穿梭来去,早就习以为常,大概也不太会去在意台门上的"高山仰止""如兰斯馨"。不过,谁又知道这些字句不会以另一种方式留在他们心里呢?毕竟人生和大自然一样变化多端,谁又知道此刻从我眼前走过的平平常常的人将来会有什么样的人生?

4

从海宁中学出来,往右走三五百米,是前些年新建起来的觉皇寺。

老树老师说觉皇寺唐代就有,解放后改成粮库,后来粮库迁出,大殿被拆,也就不复存在。现在的觉皇寺占地八十余亩,殿堂佛舍沿中轴线分布,金光闪闪,一尊露天大佛高坐须弥座上,规模想来已经胜过了从前。寺庙西侧建有太虚大师纪念堂。以前只知道太虚和虚云、印光、弘一并称民国四大高僧,一生弘法,主张人间佛教,用佛教解决现实问题,改革僧伽制度,创办佛学院,受教弟子无数。对于他是长安人,出生在长安,却始终模模糊糊的。还有一种不知什么时候形成的印象,以为大师本就是佛菩萨,乘愿而来,行游四方,不属于哪个特定的地方。也算改正了多年来的一个谬误。

寺庙虽移地重建了,代表寺庙曾经所在的寺弄仍在原地,正对着海宁中学。想象中这应该是条羊肠小弄,香烛店、锡箔店密布,每到初一、十五人来人往,擎香而过……其实也不意外,过了马路,迎面而来的是一个旧城改造的工场,建材沿街堆放,有个少已经拆掉脚手架,出落得漂漂亮亮开始内部装修。碰到门开着的,我们就进去观看一番,如入无人之地,免不了再自大地点评几句。其实江浙一带的老街命运相似,不修,看着都快要塌了,修了又流于刻板、雷同。即使如此,我还是想在弄里走一走,想找一找隐在光鲜之下的旧物,拼凑出一点旧日的面貌。而且,我们已经问清楚,出了寺弄,拐个弯,再走一段,就是大运河了。

看看大运河,也是来这一趟的目的。

大运河的历史最早可以追溯到春秋末期,经隋、元两代改造扩建,连接了不同的水系,才有了后来的规模。

长安因为正好处于高下落差达两米的河床之间,为了便利来往行人和货物转运,在河道上设了"三闸、两坝"。

在老坝遗址,老树老师和一个当地人就闸和坝如何运作聊了起来。我听得半懂不懂,以为不管坝还是闸,只是形式上的不同,目的都是利用杠杆原理,四两拨千斤,通过木桩和辘轳,用畜力拉动闸门,放水,蓄水,调节上、下河之间的水平面,方便船只通过。说是这样,既让船只通过,又确保舱内的货物不会溢出,就要看坝夫的技术了。所以,看到光绪八年立的"新老两坝示禁勒索碑",严禁坝夫刁难拖延,借机敲诈,也只有笑一笑罢了。

南宋建都临安后,长安不仅成了迎送官员、传递公文的必经之地,也成了商贾汇集、远近物资的集散之地。所以，说起来长安是被海宁辖管，倒是离杭州更近，得杭州的风气更多一点。如此，长安唐有觉皇寺，民国有小德勒撒教堂，也就不奇怪了。

长安的繁华，如今化为诗句题写在河两岸的建筑物上。最有名的要数范成大的《长安闸》，尤其是"千车拥孤隧，万马盘一坯。篙尾乱若雨，樯竿束如堆"两句，最能让人联想到船聚十里等待过河的壮观场面。元萨都剌的《宿长安驿》读来又是一种味道："坝北坝南河水平，客船争缆水云腥。乡音吴越不可辨，灯火满船似落星。"

我尤爱"似落星"一句，想到夜宿长安的商旅过客，总觉得大概也如秦淮河边的风流才子聚在街边酒肆里，夜色微茫，黄昏灯暗，听着小曲，一饮，三叹，醉而忘忧，以至梦里不知身是客吧。

高阳一梦

市区有高阳桥，横跨连接东山和西山的河道上。桥边的粽子店已经开了三十几年，店名就叫高阳桥粽子。这家的粽子个头大，软糯，肉多，慢慢传出名气，央视《味道》节目组到海宁，第一站就来到了这里。

而我竟不知道海宁还有一座高阳山，是杭州湾北岸海拔最高的山。可能翻过山就是海盐的地界，那边有南北湖，农历十月还能看日月并升，把海宁这半边山映衬得黯淡无光。

很多年里，我对这座山一无所知。就算听过，也像风吹过，不留一点痕迹。

可这到底是海宁最高的山。教过很多年语文、没事喜欢读读书的老麦老师一直念念不忘，要从海宁这边而不是海盐那边爬到山顶一次。

海宁人从海宁这边登山有这么重要吗？对于我这种

没有故乡归属感的人来说，有点不以为然。

同样的，老麦老师大概也很难理解我明明出生在海宁，在海宁住了这么多年，怎么会不把自己当作一个纯粹的海宁人呢？

可这是没有办法的事情。实在是，你看，我父亲出生在成都，在上海读完书，又跑安徽上班去了，和他交往过的人哪个地方的都有；以出生地来说，我外婆是上海人，我祖母是成都人，我祖父是杭州人……血缘上稍远一点的，还有长住青海的亲戚，长住陕西、新疆的亲戚……每到年节或红白喜丧，各种亲戚各路聚集，各种口音各种习惯。从小生活在一个大杂烩一样的环境里，我总以为地球上哪个地方都是我的家，我喜欢的地方就是我的家。

话虽如此，说起高阳山之后的某天，终究和另外几个也想爬山的朋友一起出发了。

正好是霜降的前一天，秋色最好的时分。

车开到冷冰坞，前面的车居然排起了长龙，一拨拨人从大巴下来，像是旅行社拉来的观光客。路边的小摊卖橘子，也卖柿子、红薯、药材和鸡。

这里是海宁最东南也是最偏僻的自然村落，三面靠山，一面临江；一边和海盐交界，一边就是杭州湾出海口。潮水上来，第一个先经过这里，然后才往盐官方向奔腾涌去。这样的地理环境，加上早些年路不好，排水设施不好，遇台风暴雨、大潮侵袭，也是这里受灾最严重。我总以为冷冰坞的名字就是这么来的，一个冷的，冰的，寒困交加的地方。

几年不来，现在的冷冰坞已经成了慢谷。有游客中心，有民宿，有农家饭馆，有水果采摘。

不过大部分人的兴致还是在于这里空气新鲜，橘子又甜又便宜吧。开始两边还左拥右挤，耳朵里不时跳进利落松脆的杭州话，又走了一段，身边就看不到人了。大概都去橘园了。橘子好吃，还有采摘的乐趣，相中一棵小橘树带回家的乐趣。

橘树大多种在高地上。往年来得略早，国庆节期间，橘子还是青的，刚刚开始转黄。这次赶上橘子成熟，朝山坡望过去，层层叠叠的翠绿中点起一只只红彤彤的小灯笼，实在好看。

说起杭嘉湖平原，给人的感觉总是稻田连稻田，鱼塘连鱼塘，一马平川。其实海宁还是有一些山的，除了市区的西山、东山，以及周边几座算不上山的小山，要说大一点的山多集中在冷冰坞这一带。这些年，尖山成了高尔夫球场，滑翔基地；鼠尾山改造成了公园；小尖山因为采石整座山夷平后,原来山上建于清代的观音庙移建到大尖山上;菩提山本来叫灵泉山,山上曾有张九成读书台,山下则有东晋干宝舍宅而建的菩提寺,只不过现在的菩提寺是2017年重建的,已无古意可言。

这么多山头起起伏伏,哪座山才是我们要爬的高阳山呢?一时倒迷惑起来。

几个人当中,只有小丁老师去年爬过一次。大家便都跟着他,唯他是瞻。可是说起来只隔了一年,他好像已经忘了是从哪里上山的,凭印象把我们带到村落尽头一池安静的水潭边。虽然草丛中隐隐现出路的形状,小丁老师看来看去总确定不下来,只好折回村中,再找别的路。

橘园静静的,一辆三轮车停在边上,人却不见。

太阳也是静静的。

小丁老师喊了几声,树枝深处钻出一位阿姨。麻花辫,格子罩衫,笑眯眯地露出一口白牙,告诉我们往凉亭那边拐过去,就有平坦的山路。又说本来还有几条路,是打鸟的人走的,现在不准打鸟,长了草,把路给遮没了,不能走了。谢过阿姨后,大家边走边笑,这不是正应了世上的路都是人走出来的吗?没料到后来误导我们,在山中转悠了一个小时都没找到路,多半也是这句话。

那是因为到了凉亭那儿，忽然出现两条上山的路。一条入口设了铁栅，拦腰挂一把大锁；另一条逶迤伸向山中，看走势，老麦老师以为是往另一个山头去的，于是小丁老师又一次犹疑起来。是不是呢？几次想走上去，可老麦老师的话也看似极有道理。

大家虽有分歧，各抒己见一阵，很快统一下来，走铁栅挡道那条吧！只能怪铁栅后面铺了台阶的路更像上山的路。再说，这可是一座山，铁栅哪里能拦得面面俱到滴水不漏？我们试着往两边找了找，越过一堆柴火，轻轻松松上了台阶。

不过，还没来得及高兴，台阶消失了。它们应该是橘园主人铺的，目的还是为自己方便。不仅如此，他还在橘园和山林的边界用铝合金铁皮建了个长城，免得有人从山后绕过来偷他的橘子。

去高阳山的路就这样断了。

也没关系，又不是钢铁长城。小丁老师试着扭了一下，扣住的一段铁丝扭开了，再一推，一块铁皮推开了。

大家鱼贯而入，为越过障碍而兴奋。然而目力所及并没有路。脚下全是落叶堆积，头顶被树枝竹梢遮得暗昏昏的不见光线，虫蝇闻到血的味道，嗡嗡叫着叮着不放。

怎么走？怎么走都行。只要能爬到高阳山顶上。小时候不都是这样爬山吗？那时哪里来的台阶？不都得在乱石茅草当中钻出路来？

虽然大家互相问着行不行？不行就下去，回答倒也一致，都是还行。大概脑中多少回想着路是人走出来的，无论如何不能在这种时候露怯，扰了别人的兴致。

又往上走了一段，终于被茂密的竹林完全挡住了去路。

小丁老师决定往边上探一下路，其余的人留在原地等待。

已经爬过一次山的小丁老师居然搞不清路，实在让大家想不到。不过，这样还是很有趣味的吧？至少老麦老师看上去比所有的人兴致都要高。然而小丁老师很快下来了，边上已是山坳，上不去。

要不要走另一边试试？我问小丁老帅。

小丁老师一时没有回答。

这群人里我最弱，给人的感觉无论如何都上不去。就算我愿意在山下等他们，能不能独自找到下去的路都已经是个问题了。

时间已近中午，本来以为下了山吃午饭时间绰绰有余，每人只带了一小瓶水，什么吃的都没有，也没有工具，硬往上走，总觉得不太妥当。又是一阵各抒己见后，原路返回下了山。

走到平地再往上看，能辨出我们上去那一段正好位于林木比较稀疏的位置。越往上，林木越森然茂密，树叶在阳光中泛着银光，置身树下，肯定又是另一番景象。想徒手上山，怕也不容易。万一方向反了，岂不是天黑都下不了山？

一路走，一路问，有的直接摇头说无路可走；有的劝我们回去，别看山不高，他们经常上山的人都上不去。

小丁老师无奈之下，决定开车去海盐那边，走谭仙古道。可是这样一来，就成了从海盐那边登山，老麦老师的愿望完成不了了。到了村口，小丁老师把车开出来，导航也定位好了，老麦老师仍心有不甘，找路边的当地人问个不停，居然让他找到愿意带路的人。

于是一行人做梦一样看着带路的人走过有铁栅的路口，又站到前番小丁老师想走而没走的小路前，不免失笑，就是这里啊！

老麦老师以为这个方向是去另一个山头的判断固然

失误，可小丁老师为什么不坚持一下呢？

问过带路的人，每人摘了两三个橘子当午饭，再次出发了。

山路宽不过半米，颜色浅淡，像是从前的人脚印叠脚印走出来的，又像水流从山顶一泻而下留下的痕迹。每隔几十米就能看到系在树上的丝带，有户外俱乐部的，也有来自周边城市的驴友团，大概是先遣部队做的标志，方便后来的队友。倒也方便了我们，有它们做参照，怎么也不会迷路了。每到山路陡峭的地方，便有半月形的小土坑，应该也是经验丰富的先遣部队怕队友失足挖的。

山路是不是都在山脊上呢？虽然只是没有来由地瞎想，还是有一种稳稳地踏在山背上的感觉。

时光也在山道的迂回中变化着，每到背阴的地方，四周暗下来，静如傍晚，眼前只有越远越幽深的树林，只有枯叶荒草，就像置身于古老的世界，也许真有那么一个时刻，真有那时的一个我，站在那时的时光和景物当中；等到树木骤然疏朗，太阳猛照下来，树叶绿而通透，分秒之间就被拉回现世，山茶花也好，无名野花野果也好，山石竹林也好，忽然又眼花缭乱起来，好像只有多看一点，才不白来这一趟。

可是,整座山寂静无人。甚至都没有怎么听到鸟叫。难道山上的鸟都叫捕鸟的人捕光了?而且,这山上什么小动物也没有吗?

小丁老师沉吟说,松鼠应该是有的吧。

相信有,只是我们看不见。看不见松鼠,看不见斑鸠、黄春(也可能是黄椿)。我还小的时候,这两种鸟时不时就被外婆加了酱油烧得赤红,或者切几片咸肉带汤烧成乳白色,端上饭桌。到了稻米熟时,顿顿都有麻雀佐餐,外婆总能把射进鸟肉里菜籽一样细小的铅弹择出来,洗得干干净净,放点料酒葱姜茴香,吃不出一点血腥气。那时不知护生,放学回家,还没进门,先闻到浓郁的炖鸟的香味。有时实在馋不过,掀开锅盖先捞一只出来,一边看书,一边撕开鸟的胸脯大嚼。

本地是有吃鸟的习惯,好这一口的也大有人在。满山遍野的鸟不仅吸引着山脚下的当地人,也吸引着周边的人趋之若鹜赶来捕猎。

现在当然不可以了。吃这样的生灵,是残忍的,是要有果报的。只是鸟还是稀少。偶尔有几声鸣叫,听来也倍觉孤单,冷清。

山上还产一种凤尾蕨,小丁老师说这种蕨可以做药,有清热化痰的功效,现在也少有人再上山采摘了。

眼下青睐这座山的人恐怕只有喜欢户外活动的驴友们了。到了我们以为快到山顶的地方,遇到三个登山的人,背倚大树,坐在道边喝水歇息。

走了这么久,忽然看到人,彼此都有些欣喜,一边打招呼,一边互通信息。他们刚从高阳山下来,告诉我们路没错。不过,我们也从他们这儿得知离山顶还有一半路程。

那么,继续走吧。渐渐发现经常出现一种树,大家以为是野栗子树,因为掉在树下的不就是野栗子吗?

我想想不放心,怕错过一棵好树,用手机软件查了一下,是栎树。难道,栎树就是俗话说的栗树?山上虽有信号,也顾不上细查,只觉得叶子特别好看,羽状,四五小片聚成一大片,迎着光的时候格外鲜亮。

下山回到家里还是记着这些树,去网上查了才知道栎树就是橡树。难怪看着熟悉,五月份去瓦尔登湖,湖边的森林里遍布着这种树,也这么好看,山道上也积了厚厚一层枯叶。至于是同一个树种,还是另有差别,我就分不清了。橡树成材极慢,所以名贵。看到一棵粗壮的树龄几百年以上的老橡树,类同于见到了祖父的祖父,就是那么一种恍如隔世却又亲切的感觉。

登顶则是另一种感觉。虽然开阔起来的空间预示着山顶已近,然而翻过最后一个斜坡,仍有一种"总算上来了"的感慨。站到山头上的刹那,生出片刻的陶醉,满足于自己此时的高度,方正的街道,排列整齐的民居,像镜面一样反光的是池塘,本地土话叫"溇",比池塘还要小一点,是从前农家最重要的水源。

八九个山头从近处平铺到极远处,直至消融在淡蓝色的薄雾中。这一带的山温和,圆润,山势平坦舒缓,像这里的人,只看外表,怎么都找不出危峰和怪石来的。

小丁老师指着远处叫我看,说那儿就是东山,上面不是有个塔吗?

我茫然地看了很久,才借着塔的存在——其实只是很小一点突起——辨认出极远处的一个小山包。

从这个角度望过去,东山变陌生了,也变平淡了。

至于西山,任凭小丁老师视力再惊人,也没能找出来。

古人不容易出远门,站在这里,也算高而近阳了吧。这个念头一出,再望望眼前的浮云和高空,心也跟着轻松起来。至于今天的我们,虽然各有各的心思,暂别一下自己的日常生活,暂时扔一扔手头的事,不去想手机和手机里的信息,大概还是一样的。

几个人又流连了一会儿,吃掉最后一个橘子,才捡起扔在一边的"手杖",其实就是路上找的枯枝,走另一条路下山。想到还得空着肚子走到山下,才有热茶热饭,不免觉得回程遥遥。可是山看到了,山顶到过了,又另有一种兴奋,像喝了口感绵厚而不会上头的好酒,借着暗中的酒意,即使这条路比来的路陡峭,也无所谓了。何况途中还遇到了一大片凤尾蕨,整齐有序地铺满半个山坡,仿佛不是自然如此,而是出于侍花种树的高手。之前还很密集的树全都退得很远,为这些蕨草留出足够大的舞台,任由它们在阳光和微风中摇来摆去。两朵淡淡的云也飘来助兴。从蕨们中间穿过时,我竟然有了一种梦幻感,完全忘记身在何处,从哪里来,又要回到哪里去。

其实此时差不多已近山脚,之后就是沿着溪沟迂回而行。路边的橡树又多起来,当时我仍视它们为栎树,没去想这是一大片橡木林,只奇怪树都不粗壮,有些还是幼树的模样,像庄子《人世间》里围着栎社树看热闹的工匠的徒弟,只以为它们无用,完全忽略了这才真是山上的一宝。

光从路口射进来,树枝中间隐隐露出的水面让我有了一种预感。等到山退到身后,大跌眼镜的一幕出现了,安静的水潭再次出现在眼前,这不就是小丁老师第一次带我们来的地方嘛!

仿佛时钟走了一圈,正好回到原点。一个抱小孩的年轻女人站在路口,像是有人安排她在那里等我们,为了箴告我们上山的路只有两条,山口那边的平坦,走起来慢;水潭这边的陡一点,走起来快,各有优劣。至于别的路,没有人走了,自然也就没有了。

大家边走边笑,看来读这么多年书还是没走出鲁迅先生的话啊。那么,就以这次爬山的经历,向他致敬。

奇怪的是,夜做一梦,到处找书。一摞摞书捧出来,再放回去。直到梦醒前的一刻,才在一只暗黄的旧抽屉里发现我要的那本。粉红色封面,像是阿特伍德的书,也可能是门罗的。梦里的我要拿着这本书赶去听作者的演讲。那当然是不可能的。加拿大,那么远,怎么去啊?更不可能的是,那只旧抽屉在办公桌的最底下,是我工作后用的第一张桌子,木质低劣,早在二十年前就随着办公楼的拆毁而不知所终了。

早上散步回来,收到老麦老师的信息,说这次爬山是几年来爬得最好的一次。

我也有同感。所以会做那个梦,梦到不存在的旧物,大抵也是因为白天爬山不止一次感觉回到了过去。

而过去其实跟未来一样深不可测。

小桃源

1

难得今年七月这么凉爽,更难得碰到去湖塘寻小桃源的机会。一个人与一个地方的缘分果然奇特,湖塘近在咫尺,却从来没有去过。

有一年,拿回刚出版的《海宁世家》,随手翻到朱氏,读到其中一段:

> 朱熹有子三:塾、野、在。幼子朱在(十三世)于1237年被加封为建安郡开国侯,卒葬建安。朱在长子朱铉(十四世)官仕太湖知县,其三子朱浣(十五世),做过提督,自建安徙居海宁盐官湖塘里。

虽然作者把谱系理得很清楚,朱氏迁居海宁从朱熹的曾孙朱溁开始,我仍把它当成书上所有,如同读上古神话,神归神,人归人,为"朱熹有后人居于海宁"惊讶一下,就搁下了。

2

同去湖塘的三位长者有两位姓朱,想来都是朱氏后裔,智力情商不同于一般人,也是因为基因的作用?去的路上,听他们三言两语说着陆道坟、贡师泰墓、小桃源,我很好奇,书上的文字,会以一种什么样子出现于眼前?

以前有个同事,市区早就买了房子,舍不得湖塘老家的宅基地,又去盖了一栋楼,院里种上柿树和桃树。说起湖塘,总要在后面加个庙字。

问他:"那么湖塘是不是有座庙呢?"

他回答:"老早以前是有的,现在当然没有了。"

庙没有了,别的还有什么呢?

车停下,只有一片沙石地,尽头的白房子,以为是个什么加工场,其实是湖塘的茧站。

茧站是收茧子的地方。养蚕的人把这一年收的茧子挑来,卖给茧站,由茧站烘干、粗加工后,再卖给丝厂。以前市郊、农村养蚕的人家很多,读小学时,有个同学送过我十几条小蚕，我没有地方养，找了只皮鞋盒子让蚕栖身。每天跑到山脚下采新鲜桑叶，居然把蚕养大了，结了七八个茧子。这还没有完。真正的结束是，蚕蛾破茧而出，在鞋盒上留下密密麻麻几排蚕蚁后一只只死去。我喜欢蚕，却怕蛾子，更不愿目睹它们死前竭尽全力的扑腾。

茧站收茧子最热闹的那几年，我因为年纪小，也不关心，并没有看见过。

十来年前，和朋友去某地，途经很大一幢木结构的老房子，门窗颓败地矗立在荒草中。我问朋友这房子干什么用的，这么大？朋友说是茧站。我大感惊讶，茧站怎么破成这样？朋友说，现在谁养蚕啊！你没发现桑树都很少了？

自此我总以为养蚕的人渐已绝迹，却想不到湖塘还有这么大一个茧站，看外墙还很新，难道此地仍有人在从事这个古老的行当？

3

走到两条河交汇的地方，河面宽了许多。河的凸岸处，树木变高，变密，像是耸起一座绿山墙。透过树枝的缝隙，隐约能看到封土堆的轮廓。我想当然地以为那里就是陆道坟，然而并不是。

古书记载的陆道坟，是朱浣和弟弟朱濂合葬之墓。朱氏族人在墓的左侧建了祠堂，祭祀先祖朱文公至迁始祖。

也有记载说陆道坟相传是楚狂接舆的墓，位于金鸡墩南面，陆道坟是陆通坟的误写。

这里的楚狂接舆，就是《论语·微子》里在孔子门前说"凤兮凤兮何德之衰""往者不可谏，来者犹可追"的隐士。

在《史记·孔子世家》里，接舆"歌而过孔子"。说完"而已而已，今之从政者殆而"，等不及孔子追上去跟他探讨，已经走掉了。

唐代道学家成玄英的注解更详细一些："接舆者，姓陆，名通，字接舆，楚之贤人隐者也，与孔子同时。"

这样一个高人隐士，怎么会来湖塘？死后还葬在了湖塘？陆通又经历过了什么才在这么长的时间流逝中被误写成陆道，并没有现成的史料可查，也没有陆通就是接舆的确切出处。

几个人在那儿辩论是与不是，我在一边听着，仍在想那位楚狂，觉得他更像传说中的神仙，给世人留下一句警示的话，飘然而去。

有人开了茧站的大门。里面大而空旷,距离之前关门上锁大概已经有段时间,空气里飘浮着水泥的涩味和朽木的腐味。

还在疑惑,前面的人喊起来:"是这儿!就是这三间房!"

穿过狭窄的走廊,我也看到这三间房了。如果说话的人手上掌握的史料没错,这三间房应该就是朱氏宗祠残留下来的部分。

借着屋顶漏下的光,远处小窗映进来的光线,薄瓦下挺立的屋架不知道为什么让我想起鲸鱼的骨架,曾经的庞然大物,虽死而犹生。

据记载,宗祠应为元大德年间始建,原来有四进,每一进各有平房三间。第一进是前门,第二进是祠堂,第三进是哲延堂,最后一进是给守墓人住的。前门和哲延堂是在咸丰年间毁掉的,只有祠堂幸免于难,保存了下来。

只是不知近百年来接连不断的战火、运动,它又是怎么躲过的。等到茧站翻修,因为还有一点继续使用的价值?逃过被拆的命运,从此藏身茧站,成了茧站的一部分,和水泥制的房子天衣无缝连在一起,有时当当库房,堆点东西,有时任凭它空在那里。

海宁的古民居，不管深宅大院还是书香门第，哪怕只是一般的殷实人家，仙人、云纹、牡丹、蟠桃这一类趋吉避凶的饰物也是少不了的。这三间房的梁柱木架却是结构简朴，不见一点修饰。

有人说这是清代道光年间江南祠堂的建筑风格，也有人说这是明代的建筑风格。

海宁现存的明代建筑很少，唯一一个大概要算路仲的"张子相宅"，也已经是明末清初的了。因为只有一个厅，被人叫成"明厅"，抬梁和牛腿已经不全，一进去，虽然室内昏暗，还是马上会感到气势自上而下压来。正因为用材粗壮，"明厅"才能稳稳地撑到现在吧。

再联想一下福建、四川、安徽绩溪的朱氏宗祠，那种屋宇层叠、香火青烟绕梁的沉厚感，就觉得仅凭这单薄的屋架，要恢复成供人参观祭拜的场所，该是怎样浩大的一个工程？

茧站的大门重新拉上，默数这些年遇到过的人，真有近一半的人是朱姓。像巧合，又像理所当然。并没有想过，原来，很有可能，往上推溯，都是同一个祖上啊。

4

不过，朱熹的玄孙朱桂为什么要住到湖塘来？因为当时朱桂的父亲朱滂在杭州当两浙运判,又因守孝在身,偶尔有机会来湖塘,看中这儿地处东南,离县署和海塘各有一段距离,僻静而安宁。如同陶渊明笔下的桃花源再现,芳草鲜美,屋舍俨然,"问今是何世,乃不知有汉,无论魏晋"。适合躲避战乱,也适合避世隐居。所以,至正十九年(1359),贡师泰"自宁航海达闽,转漕京师。次年自闽浮海,归于海宁"。也是出于同样的原因,把自己在湖塘的暂居之地命名为"小桃源"。

贡师泰是宣城人,元泰定四年(1327)进士,当过吏部侍郎、兵部侍郎,礼部尚书、户部尚书,两浙都转盐运使。

《元史》本传说他"以文学知名,而优于政事"。本质上,他更是一个诗人,见不惯恃强凌弱、强征赋税这种事,在诗中不止一次吐露过"归去来兮""罢政归田"的意愿。可是贪官好做,桃源难寻。尽管贡师泰在湖塘找到"小桃源"安下身来,时间不长便病逝了。突然亡故他乡,又是 身清贫,靠弟子朱燧赠地数亩,才得以"兆域而安之"。其第十三世孙吏部郎中贡歆在《谒祖墓赠朱氏诗》中说:"我祖尚书陨海宁,朱家原是旧门生。古云赐也全恩谊,今见朱家葬祭情。"

若不是转运粮饷的途中遭遇变故,贡师泰想必不会来海宁，不会有机会留居朱熹七世孙朱圭的东野草堂，写下《浙江海宁朱氏宗谱序》，在序中详述朱氏世系的原委。

事情就是如此凑巧。几百年过去，这篇序文成了考据海宁朱氏源于朱熹之后的重要材料。朱家给予贡师泰的也不止于葬祭之情。他去世后，弟子朱燧（朱圭子）还做了另外一件同样重要的事，那就是和上虞谢肃等人尽力搜访他的遗文，以《玩斋集》和《纪年录》为题刻版印行，留传下来。

说是这样，这位贡师当年的踪迹总是没有地方去找了。他的墓地，想来也差不多吧？

途中经过一片菜地，听说是湖塘庙的旧址，停下来看。其实算不上菜地，只是一片瓦砾堆，上面长了些南瓜、茄子、豇豆、玉米。一块柱础石混杂在其中，看形状像是庙内大殿的旧物，成为往日不再的象征。

过河时，忽遇一棵巨大无比的桑树，一个老农端着饭碗走过来，告诉我们这棵树他小时候就看到，算起来，至少也有七十多岁了。果然是一棵高龄的老桑树了。这样的树，如果一个人从外地回来，正好临近傍晚，又如果这个人已经没有了父母，只有几个分散多年没见过面的兄弟姐妹，走到这里，看到这棵树，顿时生出"回家"之感,说不定还会流出眼泪来。

再往前,在两条小河交汇的地方,形成一块小三角的水域,上面架着一座小水泥桥。有人上去看了桥名,根据桥的方位,判断出贡师泰墓的所在。

望着平整而空旷的农田,我一点儿没感觉到意外。不会有一个封土堆,一块刻上官名的墓碑,不会有人拿着香烛、纸钱过来祭拜。没有比一块农田更好的隐居之地了。他已经化为风,化为水,化为泥土和稻米,除了到他的诗文里,再也没有地方可以找到他了。

大概这位贡师也以为我们实在不必久留,张望之际,太阳突然热烈起来,蒸腾出暑气。早上还像五月天,凉风轻拂,这时却像分秒之间入了大暑。汗说来就来,蚊子也一群群地飞了出来。

5

回到大路,两边渐渐都是梨树。梨树三四月开花,再过一个月,这些海昌梨差不多可以上市了。怕鸟啄食,树上拉了墨绿的网,望进去朦朦胧胧的,看不太清梨子结得有多大了。

我贪看梨子和梨树,不觉落到最后,所以,也是最后一个知道梨田两边的区域,方圆十数里,就是昔日小桃源的所在。

意外吗？有一点。但实在也不用意外，桃源成了梨田，而梨田仍是桃源。

走在梨田中央，眼中所见，不就是"夹岸数百步，中无杂树，芳草鲜美"吗？梨田的尽头，一条小路往左迤逦而去，则是屋舍，美池，桑竹，"阡陌交通，鸡犬相闻"。

不用问，也知道前面就是今天来这一趟的终点，朱三村了。

朱三村不是一个村，而是南村、北村、中村的总称。

我天生不认路，在村里绕了一阵，看过一棵临水的歪脖子桃树，和水上丛生的紫色浮萍，就已经搞不清自己是从南村跨过池塘往北村走，还是从北村往中村、南村走了。

村委会在一栋房子的底楼。粗一看，和普通民宅一样，当堂的一张大八仙桌也和普通人家的摆法一样，只是墙边竖着一排图片和文字介绍。

比较醒目的是贡师泰后裔贡钦写的一篇《小桃源记》，落款时间是明弘治八年（1495），"岁在乙卯，冬十月既望"。也就是这一年的五月，时年六十七岁的素庵公朱晏去京师，拜访了贡钦。贡师泰虽卒逝海宁，一百三十余年之后，他的后裔终还是回到读书为官的路上，也没有忘记"小桃源"这个地方。

如同杭州"钱王祠"内有钱王家训，无锡梅里"至德堂"有吴氏家训，海宁朱氏也有"文公家训"。

"诗书不可不学，礼义不可不知。"

"处公无私仇，治家无私法。"

"我之分者，理也；听我之命者，天也。"

一行行读来，不能不想，几千、几百年来，江山易改，土地易变，不变的可能倒是这些祖上的箴言和遗训。

这样，倒也理解了，为什么这个地方仍有几分"桃源"之境，特别是当我们慢下来，走得更慢一点，有时间望着那些安安静静的屋舍，安安静静的玉米和桑树的时候。

时间中的铁如意

我上班的地方在南寺街,园子虽大,却没有门房,所以,工作地址一般都留"仓基街41号",免得邮局没地方送。

有时,我也用印着"仓基街41号"的白色大号信封,给朋友寄书寄杂志。

第一次去"仓基街41号",还是2004年前后。大概是去参加文联或作协的一个什么会,一进门,先看到一幢青灰砖墙的小楼,紧邻小楼的还有两幢旧宅。小楼自有浓郁的民国味道,和隔一条街的徐志摩旧居像是同一年代同一种风格,门厅中央摆放着张宗祥先生的半身铜像,背后是他拍于晚年的大幅照片——当然了,这里本来就是张宗祥纪念馆,也是张宗祥书画院。庭院里的一株罗汉松有百岁以上,已经长到和小楼的屋顶齐平。会是在新楼里开的,结束就不早了,暗昏昏的天色里,大家都往外走，虽然记着那几间老屋，也只有跟在后面走了。

没想到，过了五年，我调到文联，"仓基街41号"成了我的半个单位。还有半个单位在南寺街，也就是说，办公地点在南寺街，日常管理在"仓基街41号"。说起来是有点奇怪，跟人解释也麻烦，有时还觉得真是说不清楚（不相干的人也没必要说那么清楚吧）。但是自此，时不时地就要往"仓基街41号"跑一趟。发工资了，去领个工资条；年底了，要交总结了；上面来考核，要给大家开个会了；去办公室复印点材料，拿点信封，诸如此类的事，零零碎碎，每年也有不少。

除此，还得值班。

门房不大，又没有单独可用的桌子，坐一天实在憋闷。只能和保安聊聊天；有时则看书；或者找篇稿子改改，只等下班时间一到，倒掉喝剩的茶水，收拾收拾回家。

有几年，听到值班，就会觉得很讨厌啊，怎么又要值班了？

就像松尾芭蕉在《笈之小文》中说的那样：一时有一时之爱好，一日有一日之情趣。平素迂腐顽固、不与为伍之人，一旦相逢于乡间小道，或于茅舍颓败之家遇见风雅之人，则宛若瓦里拾玉、泥中夺金。

忽然有一天发现值班也有好处，可以像半个主人那样在院里四处走走。

如果一个人对书画没有什么了解，也没有多大的兴趣，多半不知道张宗祥是大书法家，版本学家，学者，善画善古籍校勘，经他手抄的古籍有六千余卷，曾任浙江省教育厅长、浙江图书馆馆长。去西泠印社，走进柏堂，会看到陈列着被称为"西泠巨擘、一代宗师"的七任社长的照片和简介，张宗祥位列第三任，前有吴昌硕、马衡，后有沙孟海、赵朴初、启功和饶宗颐。

不同于现在那些旧居不旧的"仿"名人故居，院里这三幢旧宅，确是张家的产业。进门看到的青灰砖墙小楼，名"铁如意馆"，1926年张家跟姓汤的人家买来地基建的，三间两层；西侧的三间木结构平房，是张家祖宅，张宗祥的出生之处；平房再西侧的"爱愚草堂"，两层木质，四方形，是张宗祥之兄张麟书的住宅。

这三幢旧宅，只有"爱愚草堂"另有用途，辟了会议室和画室。"铁如意馆"前些年改造成展厅，陈列张宗祥的生平业绩；平房复原了出生房和厅堂，这两处，都是对外开放的。

雨天，平房的屋檐下滴落着一串串雨水，屋内更觉安静清凉。

1882年的农历二月,张宗祥出生在祖宅的西厢房里,谱名思曾。

五岁到九岁,一直深受足疾之苦。十岁,拄着拐杖能走了,开始读《诗品》,临颜鲁公《多宝塔碑》。十二岁,跛足外出求学,跟从姑父读《四书》,也常和好友蒋百里在一起读书,互相借阅。十三岁,逢甲午战争,因"海军溃不成军",读《普天忠愤集》一书,为清政府的不修切齿,自此喜阅报刊及史书。十七岁,正值"戊戌变法"失败,六君子被杀,参加书院考试,因读《宋史·文丞相传》,完卷后署名"宗祥",且发榜后名列第一,"宗祥"之名就这样沿用下来。

他好像天生知道要从书中得到什么,不以行动不便为苦,只恨读书不多。跛足,据说是因为骨结核,却一直被误以为冻疮。这未尝不是一种克服肉体脆弱的修炼,一种"天降大任于斯人也必先苦其心志"的必经之路。十八岁,足疾痊愈。跟着邻居的儿子习武,体格也有了好转。参加海宁州(县)考试,名列第一;参加嘉兴府的府考,又是场场第一,一时被誉为奇童。

二十一岁中举后,走出祖宅,辗转各地任教,从本地的开智学堂到桐乡桐溪学堂,到嘉兴府中学堂、浙江高等学堂、杭州府中学堂、浙江两级师范学堂。三十岁,任清华学堂地理教师。当年他教地理,都是自编地图,不单单讲地理、地质,也讲文学、历史、军事、政治。书读得多,博学,文史、金石、音乐、戏曲、医术竟然无所不通。三十三岁,任教育部视学。三十五岁,以为读书贵在精校,著书不如抄书,从此致力于雠校及搜抄善本、孤本,如《八十书怀》自述:"四五十年事校抄,每从长夜到天明。"

在海宁,张宗祥常被人拿来与蒋百里相提并论,诸如"两大才子""文有张宗祥,武有蒋百里"。蒋百里有学生唐生智,张宗祥门下有陈布雷。蒋百里是将才,也是读书人,喜欢诗歌,喜欢美术,翻译过《文艺复兴美术史》。张宗祥虽是文人,一生脱不了读书、教书、临帖、抄校,为官是为生计,是"非禄不能自给",行事却常有行武之人的气概。

在浙江两级师范学堂教书期间,因为原校长沈钧儒辞职,富阳人夏震武继任,到校第一天便让教师穿上礼服到礼堂去参见他。这种做法激怒了鲁迅、张宗祥等人。因为夏震武的顽固不化,被称为"木瓜"。这场教师和"木瓜"的斗争,得到各校教师的声援,以夏震武辞职离校告终。

担任教育厅长时，为了选考清华学生，说情的函电从各地飞来，积了几寸厚。主事考试的人问他怎么录取？他干脆利落来一句："我考儿子。不考老子。"

他收藏的铁如意，本是明崇祯年硖石举人周宗彝随身之物。清兵入关，攻破硖石，周宗彝以铁如意为武器，带领乡人投入血战，兵败后，全家殉国。

这柄铁如意在民间流落了总有两三百年，他得到后，珍视至极，不管去哪儿都随身带着，抗战中辗转北平、汉口、重庆等地，也是不离左右。既然书斋名"铁如意馆"，与此相应，有了"铁如意馆主"的别号，抄校书籍常钤上"铁如意馆主"的印章，连抄校用的纸也是印有"铁如意馆主"的连史纸。

1992年，故居重修，张氏后人把它移赠给故居，陈列在铁如意馆中。

今天，一进铁如意馆的门厅，就能看到玻璃橱里的铁如意。

这只是一件复制品吧——周宗彝拿过、沾过清兵鲜血、跟着张宗祥南来北往多年的真的铁如意，想来藏在院里的哪只文件柜里——然而，就算是复制品，它也是古朴的。六十九厘米长，两斤一两半重，看体量，就不同于案头指间把玩的小器物。早在上古时代，铁如意就是兵器，属冷兵器的一种，传说第一个把它造出来的是黄帝，为的是攻打蚩尤。让我意外的是，文天祥也有一柄铁如意，用于防身和作战指挥。

这不是巧合，也不是偶然。从改名"宗祥"，到收藏抗清义士的铁如意，对张宗祥来说，是有源头的。

借用木心的话，文天祥就是张宗祥的精神血缘。做人，行事，都从"丹心"里来。所以，有时举家食粥，而怡然无愁悴之色；编了《本草简要方》一书，自认为是中医中去糟粕、存精华之作，却无钱付印；章太炎死后，墓地占地十七余亩，他以为不用这么大，以为"人之传不传，岂在坟墓大小"。去世前一年留下一段嘱托后人的话："凡人要治学做事，必当先有傻劲。有傻劲，然后可以不计利害，不顾得失，干一点事业，成就一点学问。"

在院子里来来去去久了，有时会突然感觉到细小的不安。张宗祥先生的铜像搬到院子里，某天去办公室，从铜像跟前走过，又闪出一念：如果老是这个样子，写不出好的东西来，岂不是愧对这个地方？从这一念渐渐又生发出另一念：我是不是要写一写先生？我总要写一写才不算白白地在这儿走过这么多年吧？可是他这么博大，每想起来，就觉得无从下笔。想到最后，不过是趁着没人去的出生房、铁如意馆走一走。

平房的正门上有一块"举人第"的匾额,只不过,院里的各种文献、记录也好,大家口头说起来也好,都还是喜欢以"出生房"或者"出生处"来称呼这幢房子。

阴天,半雨不雨,这里最为寂静、恬然。没有太阳,灰尘全都不见了,更显得房间里窗明几净。后天井的光透过长窗映进厢房,微白,像新结的蚕茧一样柔和。

西厢房有老式雕花大床,有梳妆台,有脸盆架子,十足的主人家的卧房;东厢房有书桌、书架,有窗前的蕉叶,一如一百多年前的某天,一个跛足少年在此苦读。只不过,我当然知道,这张书桌只是复制品,铁如意馆的那张才是真正的旧物。

每件事有适合每件事的时辰。去铁如意馆,我喜欢下午。最好天特别蓝的那种晴天,三点前后,太阳已经有点西斜了,看完楼下的文字图片,踩着木楼梯往上,忽然满屋子都是红光,光影参差,斜映在墙上、地板上、书画上,整座楼都活了过来,不只是静寂的纪念,故物无声的陈列,还有"(参加展览售卖作品)得一百五十元,除装潢四十元,以二十元给内子,给九女、健媳各十元。余则买蟹一醉"的谐趣，还有"每从长夜到天明"的豪气。

每次去，都会注意不同的事物，有时是那张旧书桌，桌面布满墨迹刻痕；有时是那只刻有棋盘的茶几；有时是那几幅复制的字画；有时，只是站在辉煌的光影里，想想已经成为过去的往事；有时，忽然想到天井里去，左右看看——保安自然不会来管我——于是拔开插销，走到树荫浓密的天井里，既有闯入私密禁地的欢喜，又像只是在自己家里坐乏了，出来透口气，找棵竹子或者枇杷看看那般平常。

一楼有一幅《千岁之松图》，之前见过，也没觉得特别。然而又有一天从那儿走过，忽然觉得画上的老松虽然只是几笔淡墨，却和院里那棵罗汉松十分相像，也是枝干孤直，临风而立。

松与文学、艺术的关系极密，陶渊明不为五斗米折腰而罢官退隐，对于松和菊，是独有偏爱的，在《归去来兮辞》中，写有"抚孤松而盘桓"。独立的孤松是隐士的象征，松正是以它深厚的象征意义，在八九世纪的中唐和晚唐，成为中国绘画的新题材。

这幅《千岁之松图》的款识记有："乙亥端午前一日，冷僧戏墨，时年七十有八。"老松画得怎么好我不懂，只是凝神之间，忽然觉得这其实就是先生的自画像。

铁如意是张宗祥秉性中的一部分。老松、冷僧也是他秉性中的一部分。冷僧是他晚年的自号，从他少年、中年的照片一路看过去，愈到晚年，愈见慈悲。那么，为什么叫冷僧呢？查院里的资料，总还是不明白，倒是"冷僧不冷"的感觉越来越鲜明。

院里每年有不少书画展，七八月间，展出"西泠印社老照片"，某天趁着没人，跑进去看，耐耐心心地从丁辅之、王福庵、叶为铭、吴隐四人在孤山买地盖房子创立印社开始看起，然后是印社内最重要的"汉三老碑""印泉""闲泉""华严塔"。拐过一个直角，忽然墙上出现数十个人的头像，一眼望去，大多认不出来，第一个应该是吴昌硕，戴圆眼镜、胡子很长那个是马一浮？底下也没有文字说明这些人是谁，只除了弘一法师，只有他，什么注释都没有也无关紧要，我自会走过去，自会从他的微笑中感念到观音菩萨才有的"慈眼视众生"，由此而生出恭敬之心。

丰子恺评弘一法师，是一个十分像人的人。

看过这次老照片展之后，我在铁如意馆里走着，也常常想到这句话。

水面的一片落叶

去子康老师办公室，墙上除了仿清代王翚的山水，还有一幅僧人的法像。

僧人看上去八九十岁高龄，披着朱红袈裟安然端坐，微笑着，既有佛门中人的慈悲，又有一种无法形容也无法描述，在追随宗教艺术的过程中超越了一切才具备的泰然自若。

听子康老师说这是中国台湾的印顺导师，"人间佛教"的播种者，他的老外公，不免惊讶。

2011年我去台湾，途经花莲参观慈济医院，看过慈济创始人证严上人的专题片。依稀记得，证严上人皈依的正是印顺导师。当时行程匆忙，拿了几本慈济的宣传册，就随众人一起离开，去太鲁阁了。时间一长，更是淡忘了。怎么导师竟然是海宁人？出家前有过子女？什么时候离开海宁又是怎么到了台湾的？

想起鉴真和尚六次东渡，从唐天宝元年（742）接受日本留学僧的恳请，到踏上日本的土地，进入都城奈良，历经十二年，双目失明，且失去了心爱的弟子，屡遭劫难，才实现夙愿。所以，东山魁夷才会在《通往唐招提寺之路》一书中发出喟叹："对于和尚来说，通往唐招提寺的道路，确实是一条漫长的道路。"

导师所走的，又是一条怎样的道路呢？

在家时分

导师俗姓张，1906年，清明的前一天，生于海宁卢家湾半农半商之家。七岁跟父亲去新仓镇，先进私塾，后进初等小学堂；十一岁，到硖石开智小学读书；十三岁小学毕业后，因经济所限失学。父亲见他不适于经商，读书还聪明，且出生第十一天就生了一场几乎死去的病，身体一向不好，便要他去学医，在一位中医师家里边学医边读书。

导师学习中医，因"医道通仙"四字，引发对于仙道的仰慕。不仅读了《抱朴子》《吕祖全书》《黄庭经》《慧命经》《仙术秘库》这一类仙经，且旁求神奇秘术，如奇门、符咒之类。虽沉浸于巫术化的神道教，着重于个体的长生与神秘现象，然而导师以为对自己目光的扩大，还是有着良好的影响。

十五岁，导师奉父母之命结婚。十七岁，到离家九里的旧仓镇第三小学教书，同年女儿金娥出生。此后直到二十一岁，在袁花第五、第十四两所小学往复执教。其间读到《辞源》中的佛法术语，因佛法的高深而向往不已。又因基督教友邀请去其自家设立的小学执教，接触到基督教。

在休谟的心目中，一切宗教都处于平等的地位，基督教并不高出于希腊教、罗马教或任何其他宗教之上，也曾经说过，真正的宗教"只是一种哲学"，甚至认为，历来各种宗教的教义，本质上都是违反理性、违反自然的东西。导师研读了《新约》《旧约》后，对基督虽有好感，但无法接受信者得救升天国，不信者永坠地狱的观念。正因为基督教义中强烈的独占性和排他性，除属于己方以外，一切都要毁灭的思想，导师不能信赖神是慈悲的，所以也不信耶稣可以"为我赎罪"，因而终于不能成一基督徒。

鉴真十四岁陪父亲参拜大云寺，为佛像所打动而希望成为僧人；六祖慧能在路上听到一句"应无所住而生其心"，便顿悟进入圣境。可能，宗教体验只能作为个人问题，存在于每个人的心中的。二十二岁时，导师读到的第一本佛典是《中论》。虽然对于《中论》的内容，导师并不十分明白，但一种莫名其妙的爱好，使他走向了佛法。

二十三岁时，导师的慈母因肋膜炎去世；二十四岁，父亲又疑似得了肺癌，病了两个多月后去世。双亲的相继离去，让导师忧苦不堪，加深了离家之意。尽管，也是这一年，导师的儿子惠生出生了。

真的要定心事佛吗？导师不能不顾念妻儿。可是自问"不能从事农、工、商的我，能专心学医、教学吗"？导师的回答也是不可能。

去哪儿出家呢？当时的导师并不知道。由卢家湾、碶石、袁花几地构成的五十几华里的小天地里，没有庄严的寺院，没有著名的法师，不但神佛不分，更衰落到仅存香火经忏。导师依据经论得来的知识，不相信佛法就是这样的，他不能在这样的环境中出家。

机会总是会来的。自认为内向，不会找机会、主动与人谈话的导师看到报上刊出的"北平菩提学院招生"广告，如昏夜明灯，照亮要走的前途。

金娥——子康老师的母亲一直记得，1930年的一天，二十五岁的父亲戴着草帽，提着一皮箱的行李和一网篮的书籍，从卢家湾的船埠头跨上一只小航船，随着船夫竹篙轻点,河水荡漾,就此离家而去。这一年她只有九岁,还有一个仅十个月大的弟弟。

子康老师的外祖母只以为丈夫要去上海商务印书馆工作,又因迟迟收不到丈夫说好要写来的信焦灼不安。两位好心的邻居帮忙去上海找了两次也没有找到,子康老师的外祖母看邻居怏怏而归,多少已经猜出丈夫的去向,当即晕了过去。

年谱记载,正是这一年的10月11日,导师在普陀山福泉庵清念老和尚座下出家,法名印顺。

出家因缘

跟一位语言不通的福建老和尚出家,不但导师意想不到,梦也不会梦到的。空登大幅广告的菩提学院,路上所遇空跑普陀山一趟的南通姜君,姜君带来的《普陀山指南》,都是使导师得以在福泉庵出家的主要因缘,所以,导师才会说出"人生,只是因缘""因缘决定了一切"这样的话吧。

翻开导师的自传——《平凡的一生》,第一章便是"一生难忘是因缘"。

因缘决定了导师出家的地方——普陀山,受戒的地方——天童寺,求学讲学的地方——厦门南普陀寺。

也是因缘牵引着导师，在佛顶山完成全藏的阅读，走过了他在经论中读过的名山古刹。福建的厦门、鼓山；浙江的杭州、奉化；江苏的南京、镇江、扬州；湖北的武昌；四川的合江、北碚；贵州的贵阳；河南的开封……都留下过导师求法的足迹。

在导师的回忆中，想去天台国清寺不成，而去了钱塘江边的开化寺；两次遇太虚大师，受大师劝说，去了本来不想去的武昌，再在淞沪战争爆发、南京失守的局势下，从武昌到四川，是有一种复杂而错综的力量，在"引诱我，驱策我，强迫我，在不自觉、不自主的情形下，使我远离了苦难，不至于拘守普陀，而受尽抗战期间的生活煎熬，而且是，使我进入一新的领域——新的人事，新的法义，深深地影响了几十年来的一切"。这种力量，不正是因缘的不可思议吗？

1947年，导师接管杭州香山洞，筹组"西湖佛教图书馆"，对当时的导师来说，这也就是他对佛法的未来理想。即使两年后，法舫法师一再催导师去香港，会为他安排住处与生活，又因漳州、泉州一带战云密布，导师虽离开厦门，去了香港，内心的真正目的，还是想经云南而到四川北碚的缙云山。然而等到导师的《佛法概论》在香港出版，因为局势的变化，缙云山已是可望而不可能再去的了。

就这样,导师在香港待了三年。到1952年,因缘一件件地相继而来,有的连推也推不掉。夏天,当选香港佛教联合会会长,后又被推为世界佛教友谊会港澳分会会长;秋天,应"中国佛教会"之邀为世界佛教友谊会第二届大会代表,7月中旬到台湾;8月,与代表团其他成员一行五人前往日本;9月,受聘担任善导寺导师……

这一年的离香港到台湾,与二十五岁时的离家出家,在导师的一生中,都有极深远的意义。等到世佛会会期终了,返回台湾,太虚大师的在家弟子、任"中国佛教会"常务理事的李子宽邀导师留下,似乎也只是顺应因缘没有什么不可,以为"台湾与我有缘,而香港与我无缘,没有久住的缘"。

有顺的因缘,就有逆的因缘,一经成为事实,就会影响下去而不易解脱。

1953年与1954年之间自己为什么受到狂风骇浪般的袭击,导师以为,真正的问题是:得罪(障碍了或威胁)了几乎是来台的全体佛教同人。一、去日本出席世佛会,占去了长老法师们的一席;二、一到台湾,便住在善导寺,主持一切法务。善导寺是台北首刹,有力量的大心菩萨,谁不想主持这个寺院,舒展抱负,广度众生呢!三、继承了太虚大师的思想,认为念佛是佛法的一项而非全部;净土不只是往生,还有发愿来创造净土。四、多读了几部经论,有些中国佛教已经遗忘了的法门,他又重新拈出,引起长老们的迟疑和不安。五、生性内向,不会交往,不会奉承迎合,容易造成一种错觉,让人以为他高傲而目中无人。

导师写给子康老师的信中,提到过这段经历:"我是一生常病。专心于探求纯正的而能适应现代的佛法;有些见解,与中国传统的不同,可说是反中国传统的。1952年,由香港来台湾,受到传统佛教界的打击、厌恨,真是说不尽的。"

然而,身陷这样的逆境,从台中到台北,几乎全体一致的联合阵线,最后对导师仅发生了等于零的有限作用。没有人来盘问他,也没有被传讯、被逮捕。他似乎是仅凭了无视世间现实,在政局的动荡中安然地度过了风浪。

认识到这场风波真正的症结在于善导寺,"只要住在善导寺,我是永不会安宁的"。1957年,导师正式离开了善导寺。虽然完全摆脱这是非场的影响,又花了几年,直到1960年前后才告结束。

此后，导师只安心于探求佛法，建寺，讲经，弘法，内修，写作，还因《中国禅宗史》得到日本大正大学授予博士学位。写作的动机，虽主要是：愿意理解教理，对佛法思想起一点澄清作用，然而真正的理念，还是纯正平实，从利他中完成自利的菩萨行，是纠正鬼化、神化的"人间佛教"。太虚大师说"人生佛教"意在对治重死、重鬼的中国佛教；导师则认为天（神）化亦严重影响到佛教发展。真正的佛教是人间的，成佛，即人的人性的净化与进展，即人格的最高完成。对佛法的真义来说，不是顺应的，是自发地去寻求、去了解、去发见、去贯通，化为自己不可分的部分。

回乡之旅

弘一法师在虎跑寺出家后，传说他的日本妻子从上海找到杭州，伤心地责问：你慈悲对世人，为何独独伤我？

更早一些时候，弘一法师就已经在信里回答过她，劝告她：请吞下这苦酒，然后撑着去过日子吧。

自导师从家中走出这一天起，所属的一切人间牵绊，便已从此脱去。

卢家湾的张鹿芹，就这样一去不回了。

子康老师的外祖母再不情愿，也得吞下这苦酒，撑着去过日子。公婆已逝，拖着一对儿女，不知道是怎么熬过来的。苦度了十四个年头，没有盼到丈夫的一点消息，就去世了。

相隔得真是太久了。1993年年底，听到卢家湾的同乡传来的消息，金娥——子康老师的母亲不敢相信自己的耳朵，做梦也想不到父亲居然还在人间。

子康老师见到外祖父写给那位同乡的信，证实同乡所说不虚，同时，似乎也可以得到一个明确的答案：当年，外祖父必定是遁入佛门了；而现在，身体又虚弱多病。在母亲的催促下，迫不及待写了一封长信，苦等月余，收到外祖父写来的第一封信。

"出家六十多年，'家'已在我心中消失，见到你的长函，'家'又在我心中重现。我的离家而去，对金娥与惠生没有能尽教养的责任，尤其是你外婆的内心创伤而又中年去世，我不能不有些遗憾！然依佛法说：聚散无常，受苦或受乐，特别是动乱的时代，谁也是无法预知的，想远大一些吧……"

子康老师一一念出信中所写，不知他的母亲听着又是怎样一种心情。让他们宽慰的是，此后，两边常常通信，导师回家乡来看一次，也渐渐从力不从心，遥遥无期，变成具体的日子。

当这一天终于到来，金娥——子康老师的母亲是最激动最焦急的。九岁前的记忆依稀还在，父亲怀中抱着只有几个月大的弟弟，一边走动着，一边慨叹着："囡囡，乌拉（海宁方言，'我'的意思）是芥菜籽落在瘦地里，发不出芽了！"这时候她总是扯着父亲的长衫，跟着他在屋子里转来转去、转来转去……脑中的父亲，仍是二十五岁的模样，归来的，却已是八十九岁的老法师。且导师已在信中叮嘱过："出家人自有规格。希望大家见到我，叫我'老师父'，不要乱叫爸爸、公公等……"

1994年的9月21日，子康老师陪同母亲、舅舅和舅妈于约定的时间到了海宁宾馆。外祖父——导师，已站在房间里相迎。

坐下后，子康老师的母亲说："相别六十多年了。"

导师说："我今天不就是看你们来了！"

子康老师记得，导师记忆力极好，谈起往事，对自己父亲、母亲的死，祖父等的死都记得清清楚楚。

他母亲提道："你当年说自己是芥菜籽落在瘦地里……"

导师说："这是说当时的境遇不适应我，在这样的境况中我是不行的,我只有出家。"

这天聊了有四个小时。陪导师同行的本源法师告诉子康老师:"他今日见到你们,很高兴。"又说导师被称为宋明以来第一大家。学问很高,简直深不可测,再加上天才,几乎没有一个人能接他班……

第二天,子康老师和导师的俗家孙子用轮椅推导师去西山南篱。到了紫薇桥头,导师停下来,看了古桥、唐代经幢,说他小时还有山门,现在不见了。下午导师见了其余的俗家亲人,从儿女辈到孙辈,这么多的人,是当年离家时所想不到的,想起从前,"都不免又喜又悲的"!

第三天,趁着早上的一点时间,子康老师接导师去了自己家。本来导师想不下车了,但还是下车看了看,说房子很好,很整洁,样子与过去差不多。

他们是九点半回宾馆的。十点,导师便启程去杭州了。子康老师和几个家人也陪同一起去了。

看导师的自传,这趟不只回乡,而是大陆之旅,9月6日出发,到29日返台,走了半个多月。去普陀山礼拜了祖庭,巡访了厦门南普陀寺闽南佛学院,宁波天童寺,奉化雪窦寺,普陀山的普济寺、福泉庵,上海的玉佛寺,以及北京的法源寺、广济寺,中国佛教协会会长赵朴初特意从会场中赶来与他相见。碍于体力精神，武汉与四川未排入行程，凡曾与佛法因缘而走过的路又重走了一遍。与其说是怀乡之情，不如说是对甚深因缘的一种珍惜。

在杭州时，导师再三对子康老师的母亲开示，要少愁，不要想过去，不要想将来，管好现在，性子不要急，要开心，要少烦恼。对年轻人不能管得太多，让他们去。临别前，嘱咐他们不要送到飞机场了，有聚总有散，只要大家好就是了，就放心。

子康老师对导师——外祖父——说的最后一句话是："大师多保重，隔几年再来大陆，我们再相会！"

此后几年，子康老师常写信给导师，也常得到导师回信，告诉他："我一生为佛法而探求，从不宣扬自己——求名；写作、出版，也从不为利益着想，只是平凡地度此一生。早几年，（社会科学院研究员）郭朋在他的《印顺佛学思想研究》的《后记》中说．'几十年来，他（我）在大陆鲜为人知——甚至在大陆的佛教界，也鲜为人知。以致在《中国大百科全书》宗教卷的《佛教》里……没有收入印顺法师，这真是一种令人深感遗憾的事．'其实，知道了，大家都知道了，如不能引起对佛法的注意、理解、信仰、实行，对我来说，这是没有多大意义的。"谆嘱他："研学佛法，非仓促能有成就；渐学渐深，乃能言之有物。"

信函往来，提及若身体许可再回乡一次，导师似也有意。然而，直到2005年，导师心脏衰竭而逝，终没有再回来。

导师是"离了家，就忘了家；离了普陀，就忘了普陀"的人。起初，将心注在书本上；出家后，将身心安顿在三宝中。同参道友、信众、徒众，来了见了就聚会，去了就离散，所记得的，只是当前。导师的心，是只属于甚深的佛法的。导师世寿一百岁，为佛法走了整整七十五年，从福泉庵出家，到定居台湾经历一场大风波，再到誉为"玄奘以来第一人"，真是一条漫长的道路啊。

记忆与纪念

2016年，我去洛杉矶，在郡立图书馆找到中文书的区域，朝前走去，第一排书架正中间，且正对着我的正好是导师编著的《杂阿含经论会编》。

我没有悟性，读宗教书像读文学书，不管懂不懂，只要合得上思路就读。导师的著作，最初吸引我读下去的，不过是《平凡的一生》第一页上的一段话：

"静静地回忆自己,观察自己——这是四十八岁以后的事了。自己如水面的一片落叶,向前流去,流去。忽而停滞,又忽而团团转。有时激起了浪花,为浪花所掩盖,而又平静了,还是那样流去。为什么会这样?不但落叶不明白,落叶那样的自己也不太明白。只觉得,自己的一切,都在无限复杂的因缘中推移……"

这本是导师对自己人生的了悟。

可这种感觉多么熟悉啊。

我以为我也是一片叶子,我也在随因缘起伏流去,不受主宰地向前,向前,等待一个沉下去的地方和时刻。

处境不好,心情低沉,遇事不知如何抉择,想来想去想到没有办法可想,总会记起书中关于因缘的两段话:

"顺着因缘而自然发展。一切是不能尽如人意的,一切让因缘去决定吧!"

"因缘,有被动性、主动性。被动性的是机缘,是巧合,是难可思议的奇迹。主动性的是把握,是促发,是开创。"

反正自己天性被动,做不了开创的事,不如(也只有)等待机缘等待奇迹,不顺归不顺,难过也还难过,却也安心了。

有一年,应该是读完《平凡的一生》之后,去子康老师办公室,我问:都说印顺导师思想高深,不是一般人能了解的,以老师来看,导师的佛学思想核心简单说是什么?

子康老师说:人间佛教,净心第一,自利利他。

后四个字,尤其是后两个字"利他",意思是知道,可怎么才能做到呢?

我。我。我。做什么,想什么,都有一个我字,挡在前面。

普通人又怎么领会,利他,原是最高境界的利己。

前一阵读稻盛和夫的《心》,发觉,整本书,稻盛先生原来都在讲利他啊!人生的一切都是自己内心的投射;"心"的最深处与宇宙相通;"真我"所发生的"利他之心",拥有改变现实的力量……

所以,稻盛先生才会如此成功。从一家小公司起家,到创造两家五百强公司,七十八岁加入日本航空公司,仅用一年时间就让破产重建的日航扭亏为盈,稻盛先生的秘籍,正是在于利他之心。

所以，在《心》中，稻盛先生一再嘱托：善于保持利他之心吧，尽自己所能行的去行，一切成功都归结于利他之心。

说是这样，凡人被短见和利益所障，要领会"一切法无我"，抱着"为他人尽力，自己的心灵才能得到磨练"去行事，想想都难啊！

十年间，我也问过子康老师几次，导师是海宁人，是从海宁走出去的，成就又这么大，为什么海宁至今都没有纪念导师的场所？

子康老师每次都答：因缘未到。

这又是一条漫长的道路吧。

今年五月初，听说导师的纪念馆、图书馆已在史山寺筹备起来，我也赶过去瞻仰。

史山寺在城北的史山上，宋代就有，称"神官祠"，也称"显灵庙"，明代改称"潮音院"，据说1941年日军侵华时就毁掉了。现在的史山寺是2004年重建的。

史山虽不高，禅寺依山而建，三幢殿宇屋檐层叠，大雄宝殿高居山顶，下了车，人还在山门外，已能感觉恢宏的气象。一步步拾级而上，两边树木翠绿，清风吹来，又是一种感觉。

纪念馆门外的庭院布局精巧像日式园林。馆内陈列着导师的生平、部分著作和塑像，看布置和材质的选用，既有浓厚的中国味道，又极具现代感。清水混凝土制成的照壁洁净朴素，只简简单单刻着"印顺导师纪念馆"，下午的阳光越过走廊斜照上去，好像导师就隐在这几个字里似的，望着，不觉站了好一会儿。转到背后，又看到那段流水与落叶的话：

> 我如一片落叶，在水面上流着，只是随因缘流去。流到尽头，就会慢慢地沉下去。人的一生，如一个故事，一部小说，到了应有的事已经有了，可能发生的事也发生了，到了没有什么可说可写，再说再写画蛇添足，那就应该搁笔了。幼年业缘所决定，出家来因缘所发展，到现在还有什么可说呢！

这段文字出于自传的最后一章，和第一章的落叶流水遥相呼应，既是全书的结语，也可以视为导师自撰的墓志铭。刻在此处，再恰当不过了。

图书馆紧邻纪念馆，"印顺导师图书馆"的匾额，是台湾福严佛学院院长释长慈题写的，还没有挂起来。馆里分成两部分，进门处是普通阅览区，七八张长条桌，坐得下数十个人，架上的文史哲类及通俗读物也比较适合大部分人阅读。往里，占据一整面墙的书架上，导师编著的佛学书籍整整齐齐排列着，真如一座大山一样高不可攀。

导师的全部著作是：《妙云集》二十四册；《华雨集》五册，《印度佛教思想史》等十部十二册，计八百万言。或许还不止。

这些书当然全都可以拿下来读——实在没有心力全都拿下来，那就遵从导师的建议，在《妙云集》中有选择地先读《佛在人间》《学佛三要》两本，再读《佛法概论》《成佛之道》，那就知道契理契机的"人间佛教"了。

这个区域也放置了书桌。不过，最吸引我的还是书架边的落地大玻璃窗，引入光线的同时，也把室外的山景引了进来。窗前精心地摆放着茶桌、蒲团，进来的人尽可以坐下喝茶，看书，看窗外，是个来过了还想再来的地方。

导师在《中观今论》中解释过为什么智慧与慈悲为佛法的宗本。"自私本质的神我论者，没有为他的德行，什么都不过为了自己。唯有无我，才有慈悲，从身心相依自他共存、物我互资的缘起正觉中，涌出无我的真情。真智慧与真慈悲,即缘起正觉的内容。"

　　站在尚未全部完工的图书馆里想到这段话,又有了不一般的感觉。引我来此的,又是什么样的因缘呢?当下无语,心里却生出一个强烈的愿望:愿我,也愿走进史山寺,走进纪念馆、图书馆的人,都能熏染到一点导师所说的真智慧与真慈悲才好。

近处的旅行

寂静之声

临近岁末的一个早晨,本来准备吃了早饭就坐车回去,无意中看了一眼窗外,看见一座塔斜对着沙龙宾馆我住的房间。来嘉兴开会大多安排在这里,每次也都是遵照会议定下的时间来去,我甚至不知道它就在南湖边上。

确实,嘉兴对于我来说更像是北上的路上必须途经的一个地方。我习惯于坐在火车上听乘务员大喊:"嘉兴到了!嘉兴到了!"十年前(也许是十年前吧)还有人在站台上大喊:"嘉兴粽子!嘉兴粽子!"然后总会有许多只手伸向窗口,拎进来单只的或是成串的香喷喷的粽子。

不如看了塔再回来吃早饭?拿了房卡和手机出门,过了马路,再过桥,塔已近在咫尺,只是还隔着一段旧成暗红色的铁轨。

问一个出来锻炼的阿姨,说这是壕股塔,原先在铁轨那一头,因为修铁路,移到这里来了。

这么说,现在的塔不在原先的塔基上?这又是一处被动过的"历史遗迹"?

我略感失望。好在眼前尽是散发出清凉之气和沉静之气的树木,吸着这气息,透过树枝眺望安在塔檐上的菩萨坐像。也许林中幽暗,菩萨造型又古朴,仿佛与塔一起存在了千年似的有了古意。

这应该是一所寺庙,一所已经不应称其为古刹的古刹。我慢慢地往前走,心境更为宁静,甚至忘了一年来身受束缚之苦,忘了飞向远方的愿望又成了泡影。虽然从我开始写作就只是把它当作一项喜欢的事来做,并不期待别的,却也为不知道怎么写、写不下去苦恼。可是走在这里,我确实忘了种种的不如意,当湖面突然闪现出来,更是只有惊讶而欣喜了。

南湖的早晨是这么寂静,寂静得听不见水流动,只有渺渺茫茫不知在何处拉响的二胡声,渺渺茫茫应和这乐曲的女声。

我不走了,看着晨雾下的湖水,暗想总是自己性格使然,不懂得旁枝逸出,才会身在湖畔而不知有湖吧?

就在这时,和湖水一样铅灰色的天空突然钻出阳光,在湖面上拖出晃动不已的条条光影。虽然只维持了不到一分钟便消失了,我的整个心头已经如同希望降临,为之一开,为之一亮。一转身,却见一块高大的石质照壁,上面写着"忠烈千秋"四字。汉字的奇异在于象形,"忠烈"两字,一字以心做底,一字以火做底,只看字形便能感受到字内蕴含的赤胆忠心、刚烈如火,一腔正义,千秋万代。

再看门上牌匾,恍然这里不是寺庙,不是古刹,而是纪念伍子胥的伍相祠。大概时间还早,大门紧闭。走上两米多高的台基,想看看门两边的楹联,一个工作人员来开门了,还没有来得及高兴,被告知没到开放的时间。一看还有一个多小时,我也没有带钱,买不了门票,只好退下。

回沙龙宾馆,路上又遇先前遇到过的阿姨,告诉我伍相祠原先是瓈胶塔院,里面有八角钟楼,供的是观音,2010年重新改建成现在这样。至于为什么这么改就不知道了,总是为了配合端午节的祭祀活动吧。

伍子胥是我父亲少有的崇敬的人。在以吴根越角著称的嘉兴,伍子胥多少留有踪迹吧,如此,纪念他,也不负他的"忠则尽命"了。

病中的父亲越来越虚弱,有一日忽然想去嘉兴,也没有说,一个人坐火车去了。距离上一次去,已经三十年,此次算是重游。

我难以想象他如何拖着病体,在找不到过去样貌的一条条马路上,看着,辨认着,迷茫着,恍然大悟着。

晚上我去看他,他已经回来了,高兴地告诉我去了狮子汇,码头已经迁移了,老房子也拆得只剩下一幢穆家洋房,孤零零站在河边,而且变成了邮电博物馆;去了府前街、府南街、府东街,那是真正的老嘉兴的中心啊;还看了清真寺,还有回民在府东街那一带过着传统生活。

我说起之前去子城,也有八九年了,在报纸上看到有人写子城,就在周末找了过去。忘了从哪条路走进府前街的,带着重修痕迹的城楼忽然从一片林立的老公寓里显现出来,我的第一感觉竟然是难以名状的伤感。

这是不是也算为赋新词强说愁?我总是喜欢站在超过自己年岁十倍数十倍的建筑或是器物面前,以这样的方式去触及我所不可能经历的时代。

距离最后一次重修,不过数十年吧。从三国至清代，子城均为府衙或军治所在地，是嘉兴最早的城垣，嘉兴的政治中心、权力中心。即使今天只剩下一座谯楼及两侧城墙，仍然被一个忠诚的女管理员看管着。

她容许我去看了城门口的石狮（不知它又见过多少肮脏事血腥事），容许我像看艺术品那样观赏它。容许我对着城门仰头观瞻。容许我穿过城门，顺手摸了一下门上裹满锈迹的乳钉。容许我走到后院，穿过三角形的拱门走进一条浓荫密布的小径，它的一边是挂满爬山虎的城墙，一边是废弃的平房。不知这排房子是怎么衔接起城墙的，站在这排玻璃窗破碎的平房前，我就像看到一群群肢体受伤的人在这里无聊地打发着时间。我有这样的联想，是因为子城的后面是荣军疗养院吧，据说蒋经国先生来此住过。走到小径尽头，那儿还有一个圆形的拱门，女管理员大喊着跑了过来，城墙上是不可以上去的，厉声把我赶走了。

本来，我真是想爬到城墙上的，我告诉父亲这段经历。除此，关于嘉兴，我也说不出什么来了。对一个与我生活的居所只隔了几十公里的城市，我所有的知识是这样少，这样稀淡。而这个城市其实出过这么多有名的人，稍远一点，朱彝尊，沈曾植，蒲华；近一点，沈钧儒，陈省身，还有朱生豪，实在太多太多了。

说到朱生豪，我和父亲不由感慨他来世上一趟好像就是为了完成翻译莎士比亚的使命，直到今天，也没有超过他的译本的莎剧。他是嘉兴人，嘉兴有他的故居，只是今天的名人故居多为移地重修，甚至一移再移，看的兴致不大。父亲虽然流露出几分想去的意愿，我也能感觉到他恐怕是无力再去了。

几天后，趁着去嘉兴开会，提前了两个小时出发，决定去看看狮子汇，再看看朱生豪故居。

狮子汇一带的冷清出乎我的想象，拆掉旧居后，护城河还归了护城河的模样，依附它生活的人已然散尽，如今它的作用可能仅是供人观赏了。也许不是礼拜天，成为绿地公园的河边也不见有多少人。

站在狮子汇的公交车站等了很久才有一辆去朱生豪故居那边的公交车。

下了车，始知这里离沙龙宾馆不远，不知又是过门不入多少次。历经拆迁、改造，原在南大街东米棚下14号的朱生豪故居从幽深的小巷赤坦坦站到了大路边，面朝南湖大桥桥堍，面朝白天黑夜不停呼啸而过的汽车。

可我终于还是找来这里，看了作为实物陈列的朱生豪用过的藤条箱子，他穿过的黑的蚌壳棉鞋，他写给妻子宋清如的情书。离开会的时间很近了,我不能待上很久,而且这里新油漆过,飘扬着一股浓郁的油漆味,书香,抑或是朱生豪和宋清如曾经有过的生活的气息,是早就飘散在过去的时间里,任凭如何也找不到了的。

那么就走一遍看一遍吧。

房间里摆着家具,连绳子也没有拦一根,也可见这些都不是原物。对看到原物的执着的渴求,有时让我觉得自己的可笑与迂腐。经过那么多时间,那么不可预料的战乱,能有多少原物保留下来?

如同复原山顶洞人,我们有的不过是一个没有面目的骨架,骨架上的肉,要自己贴上去了。就用想象吧。想象朱生豪如何在此度过童年与少年时光,1943年年初新婚后携妻又回到这里居住,于次年12月病逝。之后他的遗孀独自生活了很久,把他的稿件悉数收集起来,整理,出版,面世,直到离开人世,与他合葬。我尽量轻地踩着嘎吱作响的木地板,从他去世的房间走到他和宋清如居住过和工作过的房间,再走到他去世后宋清如母子居住的房间。

最后我回过来又站到他去世的房间门口。我想体味什么呢?一个病体逝去前的痛苦吗、太早撒手人寰的不甘吗,还是丰子恺先生说过的"人生短,艺术长"?即使站在这里我也还是体味不到，不过是又望了里面的床、桌子、电灯一眼，好像这样才能表达我对一个翻译大家的景仰与崇敬，帮助我回去之后向父亲转述。然后我下楼了，径直走到南湖大桥下，等着公交车把我带去开会的地方。

呼啸而过的汽车发出巨大的噪声，仿佛要席卷掉一切。而在几分钟前，在故居里，在宅子的深处，我感觉到的只有寂静，这寂静如此坚强，如此镇定自若，带着含蓄却不容更改的气势，足以把车流声、把每时每刻都在翻新变异的时间隔绝到墙的外面。有那么一会儿，我好像仍置身在寂静中，寂静地上车，寂静地站在晃动的车厢里，所有的嘈杂都被一层无形的空间屏蔽掉了。

去木心纪念馆

鲁院学友 H 问我去不去乌镇，我说去，想起前年夏天，我与鲁院另一学友去的那一次，为寻木心故居，一遍遍问，一遍遍无果，被问到的人不知木心，也指不出孙家的宅子。还算高兴，学友抱回一套八本的珍藏版，封面是木心先生坐在纽约中央公园长椅上的照片，不像六十三岁的人，皑皑白雪中庄重而洒脱；我则带回一本《爱默生家的恶客》。因缘是不可思议的。不久学友与我断绝音讯,再去一次乌镇,在脑中萦萦绕绕了近三年了。

去这一日是个很好的晴天。十点多了,石板路上全是漫游的行人。H从南方来,背上背着吃喝拉撒半个月所需的大旅行包。在这不绝的一批批大部队中,我们不得不跳跃着逆势而行。过了逢源双桥,过了氽萝卜丝饼的作坊,过了宏源泰染坊,在一家卖羊肉面的小食店前,让过一个手端大碗准备穿街而过的男人,H眼尖,指着边上一扇开着的小木门说,就是这儿!

蓝黄的广告招贴在风中扑扑动着。铜牌上铸象征成熟的麦穗,代表木心先生的礼帽,以及没有标点区分的一串字:乌镇、东栅、财神湾186号、晚晴小筑、木心故居纪念馆。没错,就是这儿。

征得同意我们在前台放下行李,一转身,看到木心先生孩时与父母合拍的大幅照片。照片右侧是他写于十四岁的一首诗——天才的诗情总是显现得很早;左侧,是他去美后首次回乌镇,迎面碰到的一位街坊的话,"你回来了?你还记得这里……"

"噢,这句话让我难过。让我难过。"H说着走开了。再见到她,独自坐在门槛上,背对着我,太阳落在她背上。

我的痛点不在这儿，我没有远离过故乡，无从体会故乡面目全非的心情。这是第一间屋子，四面雪白的墙，罗列着长长短短出自木心各个时期的话，各个时期的照片，没有装饰，也像雪地，不同于纽约中央公园的故乡的雪地。

一个洁白得庄重的地方。

让我难过的是这些：是四十五岁，地毯厂审查；是四十六岁，绣品厂隔离；是四十六岁，本厂防空洞隔离；是五十三岁，本厂劳改……

我的痛点在这儿，在目睹或听闻人性之恶的大爆发。就如我永远想不明白，20世纪60年代究竟是哪些人把已经长眠的诗人徐志摩从地下挖出暴尸。

第二个屋子，也依然雪白，罗列着画与遗物。

照相机，油画刷，旧版达·芬奇版画。

此刻它们是这样安静。静静的。静静的。

帽子，手杖，皮鞋。

就因为读了《哥伦比亚的倒影》，读了《温莎墓园日记》，读了《文学回忆录》，这三样遗物也为我熟悉？仅凭这三样遗物，便证明得了我见过这个人，必须格外认真，不让自己放过上面所留的全部细节？我仔仔细细，仔仔细细，要去记住手杖上不见磨损的花纹，去记住帽顶微微凹陷的黑色呢帽,去记住鞋舌皲裂前掌上有两条深深褶皱的皮鞋。采访过他的人曾说,即使在家里写作,他也要把鞋子擦得干干净净,然后穿上,然后,就是这么一丝不苟,身着正装,干干净净地坐下来写。

——"谁莳的花服谁,那人卜居的丘壑有那人的风神,犹如衣裳具备袭者的性情,旧的空鞋都有脚……"木心以为这重重叠叠的往事尘梦郁积得人憋不过来,可是这三样遗物的的确确留有先生的精神吧,宏阔的是思想,收敛的是肉身,力量很大地把我钉在玻璃橱外。

第三间屋子最为富丽。这就是一个小型的文学博物馆呀,一书橱民国时期的藏书,木心本人已经出版的大部分著作,《文学回忆录》里出现过的莎士比亚画像、陀斯妥耶夫斯基画像、伍尔芙画像,尺寸比我以为的要小许多。

"最后一课"的影像刚好播完,要看必须再等半个小时,于是耐耐心心看木心的手迹,他写在纸上密密麻麻的字,也比我以为的要小许多(为什么我会把它们想成比实际的大),也当然还有墙上的诗句,某一句总能忽然震动到我。

毕加索说过:"我们,我们这些中年人,还是得梦想以热诚来惊动艺术。"

摘自《西班牙三棵树》叙事诗其十九:"灯下记落寞,不涉椎心事。"

半个小时到了,我得以目睹木心先生讲课,看他说"同学们,新年好。今天很难得。那么冷的天,世界文学史结束在很冷的一天。讲课要结束了"。看他说"我敢于讲,我今天讲的,你们可以在六十几岁时读。读了想:幸亏我听了木心的话"。看他说"最近又在看老子,老子是唯一的智者。看到老子了,叹口气:你真是智者,是兄弟"。看他说"以后我死了不要给我塑像,手都没地方放,这样放?这样放……"比我想的风趣,有意思,心里的戚戚,脸上看不到。看得到的是愉快,是对世事的洞明,正合他说的"人从悲哀里落落大方走出来,就是艺术家"。

先是站着,后来坐到地下,地砖太凉,又起来站着。

通起居室的门关着,找管理员,无论怎么说,都是不能进去,又说正在考虑,以后也许会开放。不知道那是什么时候?留个念想也好,可以再萦萦绕绕几年,只能这样想,因缘是不可思议的,说不定哪天忽然说来就来,说进去就进去——经他的书升上去升到另外一层,脱掉旧壳,超出自己原来的见解,不知道是不是那个时候。

从第三间屋子穿过两个小天井,回到外面,回到游人当中。他以艺术教育了自己,走了,走之前把他受的教育经由他的著作、他的学生天女散花一般散给世人。整天算计又想得名又想得利的人不会拾得这样的花。自我教育的路很长,很难,懂得拾花的人,也可能没有教育完自己就走了。不管怎样,他向世人给出了自我教育的途径,拾得花的人要感谢他,也要做好"艺术是要有所牺牲的"这样的准备。

遇桐君山记

五月初感冒的,到月底还没好,说来也不算病,不过鼻塞、头痛,还有点说不清楚的轻微的烦躁。结果还是上车了。一路雾霾,窗外的山如同剪影,看不出远近。沿途的树却是绿得不顾一切,总是闰年的缘故,夏延迟了,春无穷无尽,不管黄沙烟尘如何弥漫,只管绿下去,直到到了桐庐,到了富春江边,仍是这样的情形。

这是最应该看得见青山绿水的地方呀。

可也总算是来了。桐庐。读小学时就知道的地方,两小时车程也不算远,真的来到这里,已是彻彻底底的中年。

依在栏杆上看总是不尽意,下到江边,离水咫尺的地方。还是喜欢这段平静的永远秀气的水,何以流到下游,就不安分起来,奔腾起来,非要搅得涛浪,夹沙带泥的浑浊了。

从地理上来说,我就是从那浑浊的下游过来的。像条溯回的鱼,找回到清澈的故乡来了。

虽然还是第一次。第一次。

已近傍晚,雾霭笼罩的江面和对岸的群山构成一幅静谧的富春黄昏图。黄公望的塑像立在江边离我仅有百米的地方。他是生在这山水里,养在这山水里,日日看着这山水,才画出《富春山居图》。

一块红云悬在山头上,其实也不算红,只如美人薄醉一般略有红意,这样就把我定在了江边,直到被唤上车,又开始前行。车过了江,仿佛开进原始森林,在山道上拐来拐去。

这是早就安排好的。一下车就有人接应,迎入像酒家又像景点的宅院。的确,晚饭就安排在这里,但还没到时候,众人陆续上山。

指路牌连同"桐君山"三个字像是飞过来的。

原来真有这样一座山!可是在我的某篇小说里它却

是虚构的。2012年的五六月间，我还在鲁迅文学院，因为写了一篇《蚂蚁》，有同学读了说好，一鼓作气又写了一篇《立秋之日》，不料这次却遭到批评，不免沮丧。到了2014年冬天才又把它翻出来，觉得还有点可取之处，改了改寄了出去。不料很快刊发了，次月，《小说月报》编辑来电说要转载，在我的小说中它算有一个比较好的命运。

虚构山名的时候，没有多想就用"桐君山"。道教典籍中多见桐字，君有敬意，仓促之间合成一座山名。不去求证，倒不全是懒，因为知道结果不外是换一个山名。勉强再用，也是束手束脚。

问身边同行的当地人，被告知山上并没有道观，供的就是桐君老人，他是药圣，也是桐庐人的祖先。

心下愈加惶惑，再三思索除了名字雷同，是否还有不恭敬之笔。

前行的人把我们带到一幢大宅前就停下了。

那是叶浅予先生的故居。

叶先生的画，20世纪80年代时期常在杂志上看到，有漫画，也有跳舞的人。他有段时间长居上海，我一直以为他是上海人。之后他的画看到的便慢慢少了，慢慢完全看不到了。受世人冷落的又岂是叶先生一个人。艺术很多时候没有道理好讲，捧上去打下来都是受着看不见的操纵。至于操纵者是大众？是画坛权威？上帝？命运？叶先生想来早就经受过这样的轮回，所以时值八十还会有坚毅清澈的眼神和洞察这轮回的笑意。

无论如何想不到叶宅就在这桐君山下。面前被树木掩映掉一半的富春江上，时有小船驶过，远望过去平整无波。

宅子现在被用作了画室，众人走到宅子一侧的平台上，吹着江风看着江水，都不走了。

我还想再找一点什么，悄悄向宅子的后院走去。那儿是一块开阔的平地，连接着上山的路。

黄昏降临，鸟都归巢了，林木伸展出浓荫，只觉山中肃然。向山的上方望去，能看见树木中透露出一面红墙，有着道观特有的标志性拱门和圆窗。

回头看一眼仍在远处站着的同行者们，告诉离我最近的一个同事，我要上去看一看，交代完毕，飞快地往上跑去。忘了感冒，忘了前一日还在医院打点滴，喘着气，一口气跑到没有声息的石级尽头。那小巧的保留着飞檐翘壁的建筑应该是山门，也就是佛寺道观的外门。穿过拱门，又是天梯般的一道笔直向上的石级，暮色压下来，同事在下面唤我，知道这一次是无缘上去了。

第二天安排去看荻浦花海和古村落，出发时间是九点。入睡前我一直在想如果五点起来，马上打一辆车到江北，是不是来得及登山？可是一旦衔接不好，我就会耽误一车人出行。最终我也没有冒险，只是吃完早饭后去江边走了走。雾气沉睡一夜后仍沉甸甸地覆盖着群山，昨夜只登了五分之一的山道隐在山影之间。也许过一段时间，我才能明白虚构的桐君山所引出的桐庐之行，以及与真实的桐君山邂逅所包含的隐喻。那一个时刻，我只是静静地面朝着群山，感知桐君祠、桐君祠供奉的桐君老人此时就隐在这一片连绵的山影之间。

植物的生生死死

木槿

木槿曾经随处可见。哪家门前屋后都有几棵,被当作篱笆,栽一长排,叶子茂密到可以摊晒分量不轻的衣物被褥而不至压垮。至于洗烂的鞋垫、鱼肠样的鞋带,经常扔到上面就忘了,不到穿的时候不会想起来,似乎已和木槿长成一体。也有人洗头随手捋一把叶子,搓出泡沫抹到头上,长期坚持,不仅头发乌黑光亮,还省去买洗发露的钱。

那时外婆家厢房窗下虽砌有两座花坛,却总是荒芜居多。偶尔碧绿起来,也多是野生的。不知哪来的种籽,偶落入泥,忽就挺立出几株芝麻,几丛辣椒、凤仙,长起来奇快,不久就直抵窗棂,点缀旧得发黑的门窗。

那所宅院从前是一个书生读书的地方,几经易手到了我母亲的祖父手里,盖了箬帽凉亭,置上假山芭蕉,看着依然是读书人家的样子,翻遍箱笼橱柜,却找不出几本书。电灯瓦数一律很低,筷子伸向肉的次数稍多,便有眼睛盯过来。日子一日日过着,读完书工作、工作了结婚嫁人的路还很远。人多,难免龃龉。再争得不可开交,到吃饭时便偃旗息鼓了。饭桌照例围成满满一圈,昏暗的灯下,大家的面色和悦起来,屋里有了笑声。每到这时,我就像受不了那欢欣,知道那欢欣不久便会重新被痛楚压制住似的,早早放下碗筷,一个人走出院子,一直走到那排木槿那里,听着身后板壁薄处泄漏的灯光和笑声,为无法留住这一切,忽然流起泪来。这个家里是没有小孩的碗和大人的碗的区分的,有时捧着一只过于大,过于粗糙的黑瓷大碗,为粥的满和烫、粥面上多放的两根酱菜,也会流下眼泪。便有大人轻轻地斥责:怪不怪?又没人凶你,哭什么?我难以辩解,擦了眼泪去上学了。我的爱流泪成了这个家里的异数和笑谈,却始终没有人体察到八九岁的我对无常深深的敏感。

木槿花不香。一早上,紫红的形似喇叭的花缀在枝叶丛中,伸出淡黄卷翘的芯蕊,大概也还算美,和初升的太阳一同提醒我这又是一天,可惜印象里总蒙着薄薄的尘土,一股尘满面、鬓如霜的苍凉之态。黄昏降落,家家拴门之时,它畏缩下来,掉落到地,结束一生。不知是否过于短促,每日逢见,家里的许多双眼睛熟视无睹它到从不谈它,只蓊郁寂静地开在记忆中,很多年不知名字。

去东山斑竹园寻明代古藤,见到过一棵。已近冬日,树上稀疏挂着两三朵花,如骤遇相隔多年的熟人,立刻走上前细看。待到要写《斑竹园的藤》了,知道它名字的愿望愈加迫切起来。

正好听人谈起有个女诗人移居北京了,名字也改成了木槿。常在书中看到木槿,却不知是怎样一种树,能被女诗人用作自己的名字,总有特别之处。把木槿两字输入百度百科,等待页面跳转,心跳陡然加快。眼看图片出现,以为毫不相干的两样物事得到了对应。如此不费工夫,惊喜莫名。

木槿虽不经宿,此落彼代,树上总不见少。禽兽草木尽是有知之物。花之一日,犹人之百年,所以李渔要说:木槿朝开暮落,其生也良苦。

泡桐

阴雨绵绵的下午,在昏暗的光线下读川端康成:

"医院的泡桐花盛开时,他出院了……"树仿佛是川端的小说不可缺少的背景:医院窗前盛开的泡桐花,温泉旅馆后院的大栗树,所以他才会说——植物的命运和人的命运相似。

九岁的夏天,我跟着父亲下车,走了一段路,隔着河,远远望见一段粉白的围墙,也望见一棵高高的泡桐。那次是父亲送我去外婆家寄住,以为临时,然而一住许多年。老屋光线不好,白天也是幽暗的,我更愿意待在户外。母亲的祖母那时还健在,常坐在树底。她有缝不完的东西,身边伴着放针头线脑的淘箩,除非穿不进针线,一般不会召唤我。所幸她睡得极早,还只是黄昏,便隐入房中。我继续坐着,如同川端书中出院的病人,回到家里,一边回答妻子,一边想着医院窗前盛开的泡桐花,沉溺到梦幻的大海里。

春天,泡桐开始开花,花朵像一个个倒挂的小钟,淡淡的紫色,淡到发白的紫,站在地面仰望上去,在天空无限的蓝色里会觉得它犹如雪片一般白得单纯。

安静的小镇上,在覆盖着鱼鳞般黑色瓦片的屋脊之间,泡桐是寂寞的。它的满树的花蕾于屋顶下的人的哀愁无济于事,于屋顶下的人的幸福无济于事。它也不为他们日复一日吃什么做什么烦恼,只是率性伸展着长得太快的枝条。花先开了，似乎开了相当长一段时间，然后谢了，扑扑地随风掉落，屋顶，院子里，纵横交错积起厚厚一层，依旧很柔软，弥漫着它自己的香。

它的确是香的。如果愿意拾起一朵，放到鼻端。然而进出的人为着各自的理由照旧进出着，目光即便投向它，也没有闲暇多望一眼，要踏过去的脚没犹豫便踏过去了，天转青刚有一些日光，一把竹制大笤帚哗哗扫尽地面的一切之物。清扫过的院子干净得有些清冷，怜香惜玉的人多不出生在这里，只有无所事事的小孩子对它有些兴趣，摘去枯萎的花瓣，留下有五个裂口的花萼，用针线串起来，串成一长串，戴到脖颈里当项链。大人或作不见，或嗤之以鼻。他们种泡桐，又轻视泡桐，是因为它长得太快，唯其快，木质松软，成不了材，只能做些简单的家具用具，富裕之家断然不会用它的。据说日本生了女孩的人家会在屋宅前种上一棵，及至女孩长大，砍下做成全套嫁妆。中国人的习惯更喜欢用坚硬的木材做家具，大约可以传代。穷苦一点的人家固然不得不用它，它的不耐用却一目了然得让人讨厌，稍假时日便变了形，很可笑地上下翘起左右歪斜，落魄至此只有劈碎做煤炉引火的柴，在炉中飞快地变成灰烬，是志大才疏最恰当的代表。

我想大约现在没人用泡桐做什么了，这里的泡桐树差不多砍光了。最近一次看到它是去川西的路上，在一个前后不见房屋的坡上，纷纷扬扬开着一树白花。或许，只有这样的地方，人们才忽略它的功用，由它在应该开花的时节里开着它自己的花。然而坐在车里，我想的是：——它的确曾是小镇黑压压的瓦片上方、我的整个漫长的童年中最绚烂夺目的东西。

麻

想到麻，如想到《诗经》中的葛、蕨、薇、蘋……那些今天已不大可见，也没有多少人会说起的古老植物。

麻是古代最重要的植物纤维原料之一，夏商周三代以前，除蚕织外，"舍麻固无以为布"。稍晚一些，西汉《淮南子》一书中，记有："伯余之初作衣也，緂麻索缕……"粮食不足，也采麻子以食用。诗经中麻和五谷并提，"禾麻菽麦"，足见麻可食、可止饥。

而我幼时不仅想不到麻可以吃，连麻织的布料也很少看见，市场上最多的是各式人造棉、的确良，踏进幽暗阴凉的布店，柜台上几十匹几十匹地摞在一起，花样无一重复，只要是女人，多会为之欢喜发狂。那时无所不见的麻,除了麻绳,便是麻袋——所装多为粗蠢之物,干菜、柴爿、煤球。成年后,我见过洛麻,这是麻的一种,却不为我喜欢。每到洛麻成熟,一两个月之间整条河颜色墨绿,甚至漆黑,散发出异味。听说是麻农在河中洗麻,也即沤麻,用水的动力涤荡掉麻的皮质肉质以及汁液,最后留下的白色纤维便是麻。今人称麻为大麻,已成毒品。

看麻字从金文到小篆到隶书,从广从厂,并无多少变化。日本人名多麻字。吉本芭娜娜《夜,和夜的游客》中有个女孩叫麻利耶。

麻利耶是文中的"我"的堂妹,"我"的哥哥在美国读书,本来已经有女友,不料回国遇到长大的麻利耶,立刻爱上了她。

一个下雪的晚上,麻利耶敲响"我"的窗户,"我"开了门,大吃一惊,她没戴帽子,也没戴手套,脸、手冻得通红,就像发着烧。脱下鞋,"我"才知道她连袜了也没有穿,怕母亲知道,从房间翻窗,光着脚走来的。麻利耶来找"我",只是因为想念回美国念书的哥哥,坐了一会儿便走了,穿走"我"的一双鞋。第二天,"我"的妈妈问是不是麻利耶来过,她深夜上洗手间经过厨房,模模糊糊看见麻利耶在幽暗的厨房喝水,叫了她一声"阿姨"。这之后不久,"我"的哥哥就死了……

大约一九九几年的时候读到的,那么多年过去了,早就忘了。有一天遇到一个姓麻的女孩,忽然又想了起来,对她说:我读过的一部小说里有个女孩叫麻利耶……

一定让她觉得我有点莫名其妙。

麻利耶和她,除了一个麻字,还有什么共同点呢?是她身上所有的无法形容的古老年代的气味?她生在现代,却天生带着现代人身上已经失踪的气味?

奇怪的是我却从未把她的名字和她总是编成一股麻花的辫子联系起来。

麻花辫、麻花,取的正是麻的形,都由两股及至多股纤维绞合而成。麻坚韧耐磨,织成布则透气,飘荡,它包裹人,又和人保持些微的距离,正是这些带着空气的距离,给人带来舒适感,这是麻织物与丝绸、棉布的不同之处。

耶稣死后由麻布裹身。中国人的传统,不仅死者麻布裹身,死者的亲人也必须披麻戴孝。

麻就是这样参与着人的生活,无论已经死去的人,还是活着的人,都或多或少得着麻的熨帖。

它就是这样从古老的年代一直延续到了今天,而依然保持着某些特性,不管这个时代怎么变来变去,好像一直如此。

樱桃

樱花落尽了,樱桃也在枝上了。刚结的樱桃,青绿,结实。一串一串,静静地伏在叶下。开过多少密集的花,就会生多少密集的果,混在绿叶里,散步走过,常常对它视而不见。

相对喜爱樱花的日本人,中国人更爱梅花,这当然因为梅花耐严寒、报早春,古人把梅花的五瓣比喻为寿、福、康宁、好德、善终。

桃花、梨花、海棠花盛放的香味里,樱桃不事声张地慢慢转黄,不久,有几颗率先红起来。那红有着感染力似的,一个传给一个。忽有一日,整个绿叶间红彤彤一片,再也没法装作不看见了。

路边有了卖樱桃的人。樱桃装在篮子里,因为映衬着几片绿叶,更觉得水灵灵的。

这个时节开冰箱取东西,往往会猛地看见满满一碗樱桃。

只有妈妈会悄悄买来樱桃,悄悄洗净在冰箱内放好。那时我多半待在书房里,关着门。有时我听见妈妈的脚步声,快到书房门口,停下了,很快又下楼去。那时她的手里说不定正捧着一碗樱桃。

樱花谢得快,樱桃的成熟期也是短得惊人。它好像不能忍受夏天的炎热、狂暴、昏然,要抢在最后几个春日里,把自己的果子结完。

即便妈妈每天买每天买,没有几天,樱桃就在树上、街面上消失了。树上残留的伶仃果子,也被人忘记了。它是少有的春天开花春天结果的植物吧。

只剩最后几个春日了,坐在沙发上,在膝盖上摊开一本书,慢慢地吃着樱桃。这几天的手边书是《死刑台前的报告》,是《论美国的文化》,是三十二岁就自杀而死的普拉斯写的《钟形罩》。我不会想到《尔雅》记载的"楔荆",不会想到东汉《四民月令》的"羞以含桃,先荐寝庙",也不会去想北魏贾思勰的《齐民要术》中的记载:"二月初,山中取栽;阳中者,还种阳地;阴中者,还种阴地。"仔细想"阳中者,还种阳地;阴中者,还种阴地"是一种多么自然却也高超的栽培技术啊。

樱桃发汗、益气、补血、养颜。这是妈妈所能想到的。就像小时候炎热的夏夜里彻夜为我打扇,给我辟出一小块凉爽的空间。她希望我健康,有张樱桃般红润的脸吧。

而我每日浸泡在书中字间,留不住青春,也留不住昔日的年轻脸色。

面对这一碗碗樱桃,我只有惭愧。

斑竹园的藤

很早就听说斑竹园有一株明代的紫藤。我知道了它,它也就在我心中悄然地生了根,直到我决定去找一找它。

沿着东山北路走不多时便到了斑竹园一弄。路很窄,顺着山势时隐时现,常常以为前面就是尽头了,再往前走,却又突然宕开一笔似的,斜势里伸了开去。两边的房子也是依着山势而建,密集,倒并不显得拥挤。空地上搁着盆栽的杂花,围墙边种着木槿,如同屏风,浓厚的绿把房子的一扇扇门窗遮掩起来。这是一种因为极好栽种而到处可见的树,开着平常的紫色的花,那花初看也是热烈的,同时却又是极静谧的。这弄堂里也是极静谧的,因为几乎听不到声音,却又有着无尽的声音,是冰箱的轰鸣,台钟的嘀嗒,电视机里的乐声对白,咳嗽,低语,汇集起来的种种日常的声音。在这种似有还无的声音里面，我仿佛独自坐在黄昏的香炉边，燃着的香飘散出幽微的香和烟，闻着，无边无际地遐思起来。

寻觅许久，终于，在两幢房子的犄角之间，发现了一个极小极简陋的园子。园子的矮墙上还有几个似是随意写上去的朴拙的字：明代古藤。那么，没有错了，就是这里了。我想着，一阵惊喜。

藤这东西，也许因为它攀附的习性，我过去总不大喜欢，虽然知道古庙名园中常有它的身影，自己却很少想过要在开着花的紫藤下谈天喝茶静坐。也或许印象里开着串串紫花的藤毕竟是美的，毕竟这是一株开过六百年的花，让我想来倍觉遥远的明朝那时候就有的紫藤。这个微微炎热的下午，我透过蔽旧的矮墙，一眼望去先只是一片朦胧的浓绿，然后才看到叶片中探露出来的枝干苍黑虬结。

斑竹园的古藤据说原有两株，攀附于两棵古老的梓树上。有一株据说因遭到石灰腐蚀，死于东山新村宿舍的建造当中，仅剩下现在这一株。而证实它属于明代，是因明代的一位文学家王守仁，写过一首《登硖山》的诗，里面写有"风径入藤萝，行行见危堵"，佐证了他登东山时，见过此藤。

两棵梓树已相继死去,倒是这株古藤,经历了六百年的风雨,晒过六百年的日头,躲过花木难以幸免的战乱和人祸,活了下来。

我踩着厚厚的落叶,从围墙的缺口处折身进去。空气中充满了潮湿的泥土和落叶腐朽的气息,棚架上藤蔓扭结着铺陈着,阳光几乎无法泄漏,光线昏暗。秋天已近尾声,紫藤这时无花无果,看不到花团锦簇的样子,只有绿叶饱满地显示着它旺盛的生命力,触须一样柔嫩的新叶不顾一切地向前,向前,向前。

我久久地望着它,想到和爱和温情和天长地久有关的往事。它活了这么久,连它自己也成了时间。

植物的死死生生

我喜欢植物。客厅角落,阳台上,各养了一些。我没有固定要去的花市,一般就是路过了看一看,有喜欢的就买下来。去别的地方,看到了,也会买。我在海南就买过一棵小菠萝树,不到七八厘米高,很异想天开地要把遥远的热带气息带回家来,然而结局免不了死,总还是气候不相适宜的缘故吧。

每年都有几盆植物因为缺乏照顾而死,留下空盆,作为那株植物活过的证明。然而很多年下来,一直未死的，且茎干越来越虬结老辣的，渐渐也堆积了半个阳台。看书累了，便去看看它们。

植物和人一样，也是各有各的脾气。绣球完全不具备含蓄的品格，两天不浇水，叶子立刻半死不活地萎蔫下来。样子虽丧气难看，倒还很有些江湖义气的，懂得回报，也不为你照顾不周跟你计较，浇了水，不过小半天，就又精神百倍了。

扶桑也差不多，也最要喝水，怕冷，又怕晒，说起来它是太阳越大，开起花来越疯。也许现在的扶桑都是暖棚里出来的，真暴晒到了，也是受不了的，会露出死相来给你看。夏天我只敢让它晒一个早晨太阳，九点一过，移到阴凉的地方，让它消暑。然而冬天里，我坐在不开空调的书房里尚不觉冷到难耐，它呢，梢上的叶子连着天气暖时爆出的花苞一起已经忍受不住萎缩了。而且，它就像个受不了气的小公主，这一萎缩，你不细心地暖它三五日，是不肯复苏的。我偏又受不了空调暖风的干燥，只得让它享受，自己坐在冰冷的书房里，用热水袋取暖，对它可说是仁至义尽——尽管卖花的人说扶桑因为这样的脾气过不了冬，这一盆总算熬过了冬天，活了下来。

君子兰开完了花，孤傲地在案头上青翠了很长一段时日，一片叶子一片叶子，很慢很慢，很文雅很文雅地死掉了。我眼睁睁地隔一段时间从盆里拿走一片死叶子，有时干它许多日子，有时又湿它许多日子，有时让它晒太阳，有时不让它晒太阳，它只端庄地保持着含蓄的本性，不给我任何反应，直到最后一片叶子也死掉了，我也没摸着它的脾气。倒空那只画着书生仕女游园的瓷盆里的泥，唯有叹息。

我有时候想，绣球这种太过明显的绝变，固然让人讨厌，也有它的可爱之处，至少它让你知道它怎么样了，它要什么了。

不知是不是因为此，天下的人，往往大多亲小人，远君子。

一日午后，散步走得远了，见一荒墙被金银花密密裹满，一枝枝翘首凭空。要不是正好开着花，我也认不出。深绿的叶片上遍布白的花、黄的花，愈觉墙荒，愈觉墙老，只遗憾看不见人。时至今日，又还有谁选择在这里"执子之手，与子偕老"，定下终身呢？

金银花最耐得寒冷，故又名忍冬。

江南人家从前的老梳妆台上常常能找出忍冬，以一个个三裂或四裂的叶片排列而成，和莫高窟的忍冬纹如出一辙。忍冬纹源自西亚，约在公元2至3世纪经印度、中亚流入西域，4至5世纪随佛教东传，传入中国内地。由西域至敦煌，再至我所居住的江南水乡的门楣床栏，历经一千多年。

心里总放不下那一墙碧绿。再去，悄悄带了把剪刀，挑选四枝壮实的老枝，回家修剪了，栽入一个大花盆，期待它们就此落根，不要挑剔盆土衰薄。

每日不管有事无事都去看看，蹲一会。有一枝先现出极细一个绿点。大喜。不久，另一枝也有了新生的绿点。喜。第一枝此时已长出对生的叶子，毛茸茸，如婴孩小小的脑袋。另两枝则始终沉默。

活了的两枝一日一日分蘖出枝条，一个冬天过去，多出一堆七扭八缠的枯藤，春一来，又于枯藤的某一节上分蘖出新的枝条。新生的绿叶颤颤向前，去攀可攀之物。期待它们爬上栏杆，如那堵荒墙，却有一枝屡去缠住邻近的月季，拿开，又缠上去，几次较量之后枝条似是屈服了，冉一日猛然发觉已变色怙萎。

它是宁死也要亲近有生之物，绝不肯拥抱没有生命的栏杆吗？

花草有灵，一切离不开水土的生物悉皆有灵。有灵之物都有生命的来，生命的去。山石屹立千年万年不动，依假而生的草木却已荣枯过许许多多代。

有灵便有秉性,不甘受辱。

一年,把一棵常春藤种入一只买来数月仍空置的米色花盆,有友来访,赞叹好看,我轻瞥一眼,不经意说:这花盆种这种植物其实不大合适。不知道这负气的常春藤听进去了,从此日日叶片凋落,终以死明志。

又一年,春天,给一棵杜鹃新换了白螺纹陶瓷盆,欣然摆好,浇上水,是夜梦一人死,停灵盆中,四周围着几人哀哀而哭。醒来想着总觉不解,看见花盆惶惶。而杜鹃果然叶片发脆发黑,两日内即死去。

花草不仅有灵,还有信。时令一到,嗅得风中信息,各各皆来报到。樱花开花总在三月,无花果生叶总在四月。有一棵夜晚花,也叫紫茉莉,年年六月自阳台缝隙生出,七月开花,十一月死。年年来,年年不多不少,总是一棵。

花园，石马，回家的路

花园

朋友在老家的宅基地上盖了座中式小院，有时间就开车回去，闲坐，喝茶，养花种菜，一天问我：你老家的宅基地呢？也去盖一个吧！

我说没有，朋友不信。你爸你妈家都没有？

又回答一遍没有，想起老屋。

老屋建于清末，起初是一个读书人的书斋，不大。不知哪一年，母亲的祖父母把它买下来，很有兴致地（也有财力）种上树，设计了假山凉亭，把书斋改造成花园住宅。

到我记事，凉亭已不见，除了假山残石，园子里就只有树了。桃，李，香樟，香椿，枇杷，玉兰……我摘过桃子，打过柿子、枣子，用桂枝上的雪煮过茶。老屋太老了，下午四点一过，房间就暗下来，需要点灯了。

中堂长年放着一口棺材,是为母亲的祖母预备的,纸板破掉的地方露出深红油亮的漆色。中堂还有张大八仙桌,颜色褪成灰白,吃饭的时候捧着饭碗不知不觉挨近棺材,也没人惊怪,早都习以为常了。

很久以后,母亲的姑母告诉我,饭桌上方原来有块牌匾,题着"古安堂"——会不会是从前那个读书人的墨迹?——破四旧时,匾摘掉了(扔了,也可能烧了),留下一块长方形的印痕。我听着,完全想不起来,跪在太师椅上吃饭喝粥时是不是抬头看见过。

镇上多次遭遇过兵火焚烧,老屋带着一屋子人度过日本人打进来的可怕岁月,历史上没饭吃的岁月,走到它自己的尽头。

老屋拆掉那天,母亲一早关照我叫我别去,我嘴上答应,放了学,还是忍不住跑去看了。

母亲的担忧是多余的,一幢一百多年的老屋一天拆成一片瓦砾。棺材的害怕,停电的害怕,夜晚各种莫名响声的害怕,全都消失在平整的废墟底下。

想到和老屋、老屋里的一切往事就此别过,离开的时候我踢着石子儿,既高兴,又难过,心情复杂。

离开老屋多年以后,马尔克斯不厌其烦,一次次写下母亲找他陪同卖掉老屋的返乡之旅,写下老屋里发生过的各种神秘之事。而我成了老建筑爱好者,到哪儿都要留点时间逛逛老街。老街有老建筑,我分不出它们的年代,不懂什么是庑殿,什么是山墙,什么又是攒顶,我只想看看房子的幽暗,只想闻闻房子的腐旧气息——柴火油烟味、木头和织物的霉湿味,它们一起冲进我的鼻子,我分辨得出它们杂合了多少味道,那些味道又有多少和我记忆中老屋的味道是吻合的、相似的。

古代的文人画里,有多少建在山腰、山脚下的茅屋凉亭。我在画上看到老屋的痕迹,在翻开的《花溪补遗录》里闻到老屋的气味。也许,本质上,木板在太阳中腐朽,和墨汁在宣纸上变质一样,都是时间的气味。

我站在那儿,没有目的地看看瓦松,看看屋角的水缸,拈拈花草的叶子,我只是在想念我住过的老屋,想念和老屋一同消失的那个自己。

2000年前后,歙县那边的族人来镇上寻亲,留下几册《鲍氏文苑》,我读了才知道母亲这一族是歙县鲍氏的一支,一直追溯上去,可以追溯到山西上党郡,追溯到鲍叔牙。

年代那么久,我觉得难以相信。可是歙县有鲍氏宗祠,鲍家花园,既然他们认我们为亲,我们又有什么理由不认他们为亲呢?

我把这些旧事讲给朋友听,朋友说,把你们的鲍家花园重新建起来不是很好?

我说,好是好,不过需要很多钱吧!而且,当年老屋拆掉,盖了姨母和舅舅们的住宅,他们现在愿意把住宅再推倒,变回过去的花园吗?就算他们愿意,新盖起来的花园还能把分散于各处的人重新聚集到一起吗?

花溪

从老屋出来,沿着石板路走一两百米到弄口,过一条小街,就是河。

风水上说水之北为阳,河的一边是条沙石小路,一边是密密麻麻挨在一起的水阁房,只留一个狭小的石埠供人下到河边。石埠年深日久,近水的几级长满绿苔,这些绿苔遇风而干,遇水而活,四周的居民每天踩着石埠要上下几回,淘米洗菜,洗衣刷马桶,各人自占一方水,也没有谁嫌弃边上的人把污物带入水中。好像这河确实与人一样有着自我净化的功能,污物即便入水,也随着水流流去了。

天一热,不知从哪里钻出许多男孩与大人争抢石埠,赤条条从岸上直奔而下,几乎把大人手里的水桶、面盆、箩筐撞翻。女孩们即使下了水,也是缩在岸边的多，只贪着河水的清凉，带着羡慕遥遥望着远处嬉戏的胆大者。我不会游泳，却常常不听母亲的话溜到河边，湿湿脚湿湿腿也好。一个夏天，回家探亲的父亲惬意地游了几圈，忽然下决心要教会我游泳，把我按到水里，要我学习屏气。不知屏了多久，好奇睁开眼睛，只见半透明的浓绿中夹着一团光，恍然之间就像身处非人之境。然后我被水辣到眼睛，又呛到喉咙，哭着从水中冒出来。不知为什么，直到父亲回去上班了，我还是不能像他那样自如地在两岸之间来去，只是做着看客，总识不了水性。

每年这河都要吞掉几条生命，人，牲畜，自愿投水，不小心溺毙，一路顺水漂来，昭告他们（它们）的死去。有时前一日一个死者刚捞上岸，后一日就有娶亲的船只开过，一路吹打的喜乐冲淡了死的哀伤，看客数着新娘的嫁妆，议论新郎家里富不富、新娘漂不漂亮，跟着喜气洋洋起来。有一年家里养的大狗生了窝小狗，送不掉，又养不活，小舅把四只小狗塞给我，另外四只塞给表弟，叫我们扔到河里去。我们抱着暖烘烘的小狗在河埠上徘徊，谁也扔不下去，只得又抱回家里。小舅说了我们一顿，抓起小狗跑出去，嗵嗵嗵嗵全扔进河里，没开眼的小狗在水面上余了一会儿，沉下去，再也不见，让我难过了许久。

这河是不管这些的，它吞掉一些生命，又吐出一些生命。河里螺蛳极多，黏附在滑溜溜的岸壁上，一会儿工夫可以摸一大盆。这河也出产河蚌，出产包括鲫鱼、鲢鱼在内的市面上所有见得到的淡水鱼。卖鱼桥的早市上堆着数不清的银亮腥气的鱼，家家户户的餐桌上也总是有鱼的日子多。很多年里，我叫得出镇区的大多数桥，从青年桥到回龙桥、马蹄桥，却不知道河的名字，也没有听人说起过，好像河的名字就是河，它是市河还有没有别的名字对于生活在此的人并不重要。

2005年，读了马庆蓉的《花溪山水记》，才知道小镇别称花溪，是因为这条河："溪名百花，清澈见底，源出于天目之苕泉……"不过，河的源头是今天位于江苏溧阳境内的天目湖，还是与钱塘江、富春江、新安江一样，从安徽休宁一路逶迤而来，是其分汊出的许许多多支流中的一支？就不知其详了。

对我来说，花溪就是外婆家门外的这条河，镇上大大小小所有的河道，都是花溪的水。有几年，我回镇上，目睹如墨的黑水在桥下断流，垃圾蚊蝇遍布，说不出来的惊骇。刨根问底地打听，也只隐约听说镇上某药厂的生产废水不经处理便排入了河道。经过那家厂，看见漆黑粗大的排污管赫然并列开在河岸上，正滴淌浑浊的污水。这河再有自净的功能，也抵挡不了这样的污染呀。所幸前些年药厂终于关闭了生产车间，河水也在缓慢地恢复过去的清亮。

我很少特意去想这条河，就像我很少特意去想我的某个亲人，某个很久不联系的曾经非常好的朋友。但我知道它在我心里，总是清澈的、碧绿的，总是微微荡漾着，像一点一点流向另一个维度的时间。

石马，回家的路

从老屋出来，走后门，穿过天井，沿着小路可以走到山上。

我们叫它城隍山，也叫它毛竹山，其实只是一个土坡，不过，就当它是山吧。那时我并不嫌它小，山上到处是竹子，还有防空洞，还想再走远一点，我会去找石马。

石马没有头，身上全副武装，披挂着马鞍、脚镫，孤零零地站在山腰的草丛里。我对那里为什么有一匹石马，什么时候有的，头怎么掉的，大概也好奇过，因为没人回答得出，也就不问了。相比了解它的来历，我更喜欢摸摸它，把它当成活的马来骑。

和别的小朋友一起去，我总是轮不到骑，就是轮到了，骑不了一会儿，就被另外的小朋友赶下来，所以宁可冒险一个人去。那段山路不常有人，待久了，看着风把竹子压低了，飒飒作响，四周光线昏暗，突然觉得害怕，我就从马上跳下来跑着回老屋了。

碰到有人过来，如果只有一两个人，他们看看我，我也看看他们，确定他们只是路过，而他们也确定我看似文静其实却是个蛮野蛮贪玩的小姑娘——反正随他们怎么想，只要他们走开了，我就继续玩我的；如果三三两两走来一群人，说笑着，声音喧哗，多半还没等他们走近，发现我，我已经不声不响跑掉了。

路径基本是固定的：如果从老屋的后门出来上山，就走坟墙门下山；或者反着走，从坟墙门上山。

这条可以形成闭环的路，我走得太多了，以至，有好多年，我做梦经常梦到坟墙门。

和附近的弄堂比起来，坟墙门特别短。"文""坟"方言里同音，小时候我一直以为是文墙门，一天放学回来，弄堂口多了块牌子，蓝底白字，写得清清楚楚，原来是"坟"，不是"文"。

"坟"给人的感觉总不大舒服，问家里的大人，弄堂里有谁的坟？大人们也说不上来。

2005年，报社的朋友叫我有空写写袁花，我去图书馆翻到《花溪补遗录》，才知道坟墙门的出处，是因为明代官员祝萃的墓葬当时建有香橼祠，那儿应该是祝家祠堂的所在，虽然祠堂的墙门早就没有了，名字却沿用了下来。弄堂里只是住着几户寻常人家，从墙门到墓地的甬道也消失在荒草和土路中，一点形迹都找不出来了。

在庄申的《根源之美》里读到，从汉初开始到清初为止，在天子、大臣甚至地方官吏的墓前都常放置若干大型石雕。汉代陵墓前的石雕本以动物为主。到唐代，在动物的行列中增加人物。此后，人兽并列，成为定制。

祝萃是成化二十年（1484）的进士，因为治水有功，进员外郎，后官任广东左参政。祝萃直言敢谏，多次为时政、冤狱上疏，却没有被皇帝采纳。任参政时和同僚政见不合，不得不以奉养双亲为由解甲归乡，回到袁花，以教授为业。志书记载，祝萃博学多闻，天文、地理、数学、医学无不精通，而且善教，连他父亲祝淇也是凭借他的功劳荣封刑部主事之职。只是人事如浮云，祝萃逝后，墓葬无存，甬道两边的石人石兽也毁弃不见，独留这一匹石马。

初中毕业后，我去杭州读书，再后来，工作了，住在市区，每次回镇上，还是喜欢过桥，走荷溪街，经过坟墙门会习惯性地扭头往里面看看。忘了哪一年的四月，一走进去，只觉得处处开满蔷薇，蜜蜂飞舞，阳光映在房顶上、砖石上、草木上，寂静而热烈，一个老妇开门出来，布衣，麻花辫子，怀里抱着竹枝——以后，梦中的坟墙门便固定成这样的场景。只是，梦中的这条路，从来都是走不完的，往上走，无穷无尽；往下走，仍然无穷无尽，总也走不到老屋那儿。是因为梦中的我知道老屋已经没有了吗？所以只在靠近老屋的这条弄堂里来来去去徘徊。

前年，舅舅去世，舅母在崇教寺为他做法事那天，我惊讶地看到石马，就在三圣殿和寮房之间，它现在有了头，眼睛镶了玻璃弹珠，初一看有些怪异。

有头好，还是没头好？我说不上来，还像以前那样摸摸它。或者，它也希望自己不要一直这样无头而茫然？

崇教寺旧址，多年来一直是海宁第二中学的校园，不可能原地重建，便选了石马所在的山腰。原崇教寺建有甘露门、光明殿、大雄宝殿、慈音阁，还有钟楼一座,立于大殿之东,规模不小。几年来,新崇教寺从山门和仅有的大殿,经过缓慢地扩建,正在恢复早年的气象。

正对着大殿上方,能看到山浑圆而平坦的山顶。志书记载:崇教寺原名妙果,始建于五代后唐长兴二年(931),原梁江州长史戚衮宅基。寺后皆山,相传为戚夫人莳花处,时谓园花,袁花之名源于此。现在依旧满山的竹子便是昔日崇教寺的寺僧所种。

对石马来说,或许这已经是比较好的结局。

2005年,我在《记忆花溪的光影》里写道:背山临水,我的祖先一定以为这是一处风水绝佳的住地。民国某年,我的两位祖母级的长辈,以宅屋外墙为背景,拍了一张照。照片是黑白的,她们年轻的脸在皴裂的相纸上模糊地笑着。那背景确实单调了一点,大部分是空白,只门楣上方有四个清晰的字:花溪小隐。

今年六月,我难得梦见老屋。从弄口向着大门伸展的石板路逼真而清晰。门关着,围墙里探出开满花的枝条,大团大团的白色、粉色,像樱花,又像梅花。梦里的我飞到半空,以绘画里的45度角透过围墙和屋顶俯视着一览无遗的房子——我并没有看见屋内曾经摆设过的那些东西,也没有看见去世多年的母亲的祖母、我的外公外婆——院子里面的花更多,成片成片的树上全都是开着的花。